Annette Jantzen

Gotteswort, weiblich

AF628535

Annette Jantzen

Gotteswort, weiblich

Wie heute zu Gott sprechen?

Gebete, Psalmen und Lieder

HERDER

FREIBURG · BASEL · WIEN

© Verlag Herder GmbH, Freiburg im Breisgau 2022
Hermann-Herder-Str. 4, 79104 Freiburg
Alle Rechte vorbehalten
www.herder.de
Bei Fragen zur Produktsicherheit wenden Sie sich an
produktsicherheit@herder.de
Umschlaggestaltung: Verlag Herder
Umschlagmotiv: © OneLineStock/shutterstock
Satz: SatzWeise, Bad Wünnenberg
Herstellung: GGP Media GmbH, Pößneck
Printed in Germany
ISBN Print 978-3-451-39480-5
ISBN E-Book (EPUB) 978-3-451-83480-6
ISBN E-Book (PDF) 978-3-451-83481-3

Inhaltsverzeichnis

Gebrauchsanleitung für dieses Buch 9

Unterwegs zu einer nichtpatriarchalen Gottesrede: Problemanzeigen und Hoffnungen 11

Räume der Gottesbegegnung 11

Nichtpatriarchale Gottesrede als Notwendigkeit 15

Liturgische Ignoranz gegenüber wissenschaftlichen Erkenntnissen 17

Das Problem einer systemstabilisierenden Sprache 18

Variierende Gottesnamen oder „Herr“? 21

Biblische Marginalisierungen aufzeigen 24

Eine Tradition der Imperialisierung des Gottesbildes 25

Gesucht ist eine suchende Gottesrede 28

Warum und wie also nichtpatriarchal von Gott reden? 30

Gott weiblich anreden 30

Gotteswort, weiblich: Ein Versuch 36

Eine nichtpatriarchale Gebetssprache finden . . 46

Gebete und Gebetssprache im Gottesdienst . . 51

Trinitarische Formulierungen 58

Quellen der Gottesrede 61

Eingangsgebete 64

Gebetstexte 67

Psalmgebet 72
- Ein biblisches Gebetbuch 72
- Fremdheitserfahrungen 74
- Beten aus der Perspektive der Machtlosen . . . 80
- Sprachräume und Gottesbilder 81
- Aber wie mit Psalmen beten? 83

- Psalmgebet nach Ps 4 86
- Psalmgebet nach Ps 20 87
- Psalmgebet nach Ps 23 87
- Psalmgebet nach Ps 27 88
- Psalmgebet nach Ps 32 90
- Psalmgebet nach Ps 55 92
- Psalmgebet nach Ps 86 92
- Psalm 103 93
- Krisenpsalm 95
- Psalm für Beterinnen, die an ihrer Kirche leiden 96

Fürbittgebet 98
- Vergebens- und Fürbitten in der Fastenzeit . . . 105
- Fürbitten nach dem Evangelium von der Bergpredigt und nach einem Vierteljahr Pandemie . 107
- Vergebens- und Fürbitten nach der Geschichte vom Stillen des Sturms, im Sommer 2020 nach der Explosion im Hafen von Beirut und nach einem halben Jahr mit der Corona-Pandemie . . 109
- Fürbitten nach 10 Monaten Pandemie 110
- Zum Fest der Heiligen Familie nach einem Dreivierteiljahr Pandemie 111
- Palmsonntag nach einem Jahr Pandemie 112
- Nach der Geschichte vom Stillen des Sturms (Mk 4,35–41) und nach anderthalb Jahren Pandemie 114

Nach der Unwetterkatastrophe im Rheinland und in der Eifel 2021 – und nach der Geschichte von der wunderbaren Brotvermehrung (Joh 6,1–15 par.) 115

Segen 117
2. Sonntag nach Weihnachten 124
2. Sonntag der Osterzeit/Das Evangelium von Thomas, dem Zweifler 124
Zur Erzählung aus dem Evangelium von der Auferweckung der Tochter des Jaïrus 125
Segen von Atem und Kraft 126
Segen von Blicken und Größe 127
Segen zu Pandemie- und anderen schweren Zeiten 128
Segen vom Hoffen und Blühen 128
Segen in Resonanz auf Psalm 116 129
Segen für finstere Zeiten (zu Mk 13,24–32) . 130

Andere Texte 131
Exsultet – Lob der Osterkerze 133
Pfingstsequenz 135
Pfingsthymnus 136
Dreifaltigkeitssonntag – ein Gotteslied 137
Allerheiligenlitanei 138
Ein Lied nach Ps 103 139

Zum Abschluss 140

Gebrauchsanleitung für dieses Buch

Dieses Buch speist sich in großen Teilen aus einer auf Dauer angelegten Arbeit: Für jeden Sonntag einen Text für Wort-Gottes-Feiern bereitzustellen und eine geschlechtergerechte Perspektive zu eröffnen, wo sonst die Frohe Botschaft von patriarchalen und sexistischen Tendenzen verdeckt werden könnte. Dieses auf Dauer hin angelegte Unternehmen heißt „Gotteswort, weiblich“ und ist ein Angebot der katholischen Frauenseelsorge im Raum Aachen. Für jeden Sonntag des Kirchenjahrs finden Menschen, die für die Gottesdienste in ihrer Gemeinde Verantwortung übernehmen, hier Texte, Vorlagen, Vorschläge und Perspektiven, um die Gebets- und Lesungstexte neu zum Klingen zu bringen.

Die Absicht dieser praktischen Texte soll sich aber nicht nur nachträglich rekonstruieren lassen, sondern sie wird einleitend dargelegt, erläutert und zur Diskussion gestellt. Gerade die Absicht, religiöse Sprache von impliziten Machtansprüchen des Patriarchats zu befreien, muss sich explizit dem Diskurs stellen, will sie nicht unglaubwürdig werden und in gleicher Weise wie die kritisierte patriarchale Sprache Standards setzen, ohne Rechenschaft über ihre Bedingungen und Möglichkeiten zu geben.

Darum ist den für Wort-Gottes-Feiern, für gemeinschaftliche Gebete und andere Gottesdienste nutzbaren Texten ein längerer theoretischer Teil vorgeschaltet, in dem Notwendigkeit und Möglichkeiten einer Gebetssprache verhandelt werden, die patriarchale Vorstellungen und Normierungen überwindet. Im Anschluss finden sich die Kapitel zu den verschiedenen Gebetsgattungen einer Wort-Gottes-Feier vom Eingangsgebet bis zum Segen, ergänzt um ein Kapitel mit Texten zu christlichen Hochfesten, bei denen die liturgischen Texte besonders häufig und besonders weit hinter dem aktuellen Stand der theologischen Erkenntnis zurückbleiben.

Das doppelte Anliegen dieses Buches spiegelt sich so in seinem Aufbau wider: Es lädt im ersten Teil zur Reflexion und zum Diskurs über religiöse Sprache, Patriarchat und Sexismus ein. Im zweiten Teil gibt es konkrete Texte an die Hand, um Gottesdienste zu gestalten und Alternativen für nicht mehr geeignete Gebetsformulierungen zu finden. In beiden Teilen will es ermutigen und eine Grundlage bieten, um zu einer heutigen, persönlichen, in der Liturgie anwendbaren Gebetssprache zu finden.

Unterwegs zu einer nichtpatriarchalen Gottesrede: Problemanzeigen und Hoffnungen

Religion ereignet sich nicht im luftleeren Raum. Religion, und umso mehr die Rede vom Glauben in praktischer Absicht, ist darum durchdrungen von der Welt, in der wir leben. In einer Welt, in der sämtliche Unterdrückung, ungerechte Herrschaft, Gewalt und Machtausübung überwunden wären, wäre auch die religiöse Sprache selbstverständlich eine inklusive Sprache, die niemanden ausgrenzt, abwertet, marginalisiert oder einengt, fremdbestimmt oder unsichtbar macht. Sie wäre eine Sprache, die das Gottesgeheimnis schillernd und farbenprächtig zum Ausdruck brächte und alle, die sie hörten, ohne Umwege zur Herzensweite und in die Freiheit führte.

Räume der Gottesbegegnung

Religion ereignet sich nicht im luftleeren Raum. Und zugleich sollen die eigenen religiösen Räume – ich begrenze mich an dieser Stelle auf die Räume im römisch-katholischen Zweig des Christentums – Räume der Begegnung mit nichts weniger als der Wirklichkeit Gottes selbst sein. Gebet, Bibellektüre, Gottesdienst oder Gemeindegesang sind einige solcher Räume – in diesem Buch wird insbesondere von den liturgischen Räumen die Rede sein. Die Räume der Gottesbegegnung sind keine Sonderräume in einem Paralleluniversum, sondern sie sind Räume in dieser unserer Welt. Darum können sie gar nicht anders als durchdrungen sein von der Ordnung dieser Welt, von den Bedingungen, unter denen wir leben, und von den Erfahrungen, die wir machen. Es ist darum einerseits unvermeidlich und anderseits mit Trauer verbunden, sich einzugestehen, dass die eigenen religiösen Räume nicht immer schon inklusive Räume sind. Die eigenen religiösen Räume sind ja die privatesten Räume, in denen die Seele sich ausrichtet auf das Geheimnis des Lebens, auf das Mehr-als-Alles. Hier geht es um die Erfahrung des unbedingten Angenommenseins, und noch dazu um das Versprechen, dass diese Erfahrung keine Einbildung ist und nichts rein Subjektives bleibt, sondern dass sie wirklich ist, von einem Grad an Wirklichkeit, vor dem noch die handfesteste Realität in etwa so viel Bestand hat wie eine Seifenblase. Diese Räume der Gottesbegegnung sind Räume unserer Welt, und es hat sich allerhand darin angesammelt, was die Gottesbegegnung erschwert, anstatt sie zu ermöglichen. Die eigenen religiösen Räume enthalten Vorstellungen von Gott, die Menschen einengen, anstatt sie in die Freiheit zu führen, sie enthalten Sprachspiele, die Gott fremd statt nahbar machen, und sie enthalten Praktiken, die menschlich-männliche Herrschaftsordnungen reproduzieren, anstatt sie zu überwinden. Alles das disqualifiziert aber diese Räume nicht, sondern nimmt sie ernst als Teil unseres Lebens. Und dieses Eingeständnis nimmt auch die Erfahrungen ernst, die wir als Menschen in einer nichtperfekten Welt- und Wirtschaftsordnung als Unterdrückte oder als Privilegierte (oder beides) machen.

Wenn das Gottesgeheimnis etwas mit dieser Welt zu tun hat, dann wird es notwendig mit den Strukturen der Unterdrückung konfrontiert, in ihnen ausgedrückt und dabei verformt, verdunkelt und verzerrt. Und doch bleibt es widerständig und verweist in aller Gebrochenheit des menschlichen Ausdrucks auf eine Wirklichkeit, in der alle diese entwürdigenden Strukturen überwunden sind.

Religion ereignet sich nicht im luftleeren Raum: Darum ist die liturgische Sprache als Sprache des religiösen Ausdrucks im ersten Drittel des 21. Jahrhunderts in Westeuropa eine Sprache, die alle Begrenzungen dieses Sprach- und Kulturraums in sich trägt. Sie ist durchdrungen von einer patriarchalen Tradition, die auch in den demokratisierten Gesellschaften noch nicht völlig überwunden ist, sondern fortlebt und fortgeschrieben wird. Und natürlich ist sie auch geprägt von allen anderen privilegierenden bzw. unterdrückenden Strukturen, die sie in unterschiedlichem Maß reflektiert und überwunden hat, wie Rassismus, Kolonialismus, Klassismus und Eurozentrismus, um nur die prägendsten zu nennen.

Nun ist der Titel dieses Buches aber „Gotteswort, weiblich“ und nicht „Nichtpatriarchale Gottesrede“. Denn der Ausgangspunkt war nicht ein Sturmangriff auf das Patriarchat, sondern schlicht der Versuch, Alternativen zu den vorherrschenden männlich-dominanzorientierten Gottesanreden und -bildern für die liturgische Anwendung zu entwickeln. Dabei zeigte sich sehr schnell, dass hier mehr im Argen liegt als ein männlicher Artikel. Die gleichen Bilder nur zu verweiblichen schien nicht sinnvoll, wenn nicht gar widersinnig. Gott „Königin und Herrscherin" zu nennen statt „König und Herrscher" klingt zwar ungewohnt, und die Formulierung hebt, weil sie noch nicht zur Floskel geworden ist, die Bedeutung der Herrschaftsanrede ins Bewusstsein. Aber damit wird gleichzeitig auch klar: Dass Gott Herrscherin und Königin ist, ist nur ein sehr kleiner Ausschnitt dessen, was sich über Gott sagen ließe. Darin kann sich das Gottsein Gottes nicht erschöpfen. Gottesanreden geschlechtlich flexibler zu machen – was ja kein Problem sein dürfte, weil Gott ja jede Grenze der Geschlechtlichkeit übersteigt – reicht also nicht. Der Versuch, Gott weiblich ins Wort zu bringen, führt weiter, nämlich zur Entdeckung, wie tief das Patriarchat mit seinen ihm innewohnenden Vorstellungen von Binarität und Polarität, von Herrschaft und Unterordnung in unsere Gottesrede eingeschrieben ist. Und diese Entdeckung führt dann wiederum zum Versuch, diese Grenzen der patriarchalen Gottesbilder zugunsten einer inklusiven Gottesrede zu überwinden.

Das Patriarchat ist dabei nicht das einzige Problem einer inklusiven Gottesrede. Hier ließe sich noch mit dem von Elisabeth Schüssler Fiorenza etablierten Begriff des „Kyriarchats" ausführen, welche Wechselwirkungen es zwischen dem Patriarchat und anderen Diskriminierungsformen wie Rassismus oder Ableismus (Diskriminierung von Menschen mit Behinderung) gibt. Ich werde im Fortgang trotzdem von Patriarchat bzw. vom Versuch einer nichtpatriarchalen Gottesrede schreiben. Ich bin mir der Begrenztheit dieser Perspektive bewusst. Aber zum einen ist schon das Unternehmen groß genug, eine liturgische Sprache ohne sexistische Diskriminierung zu entwickeln, und zum anderen scheint mir der „Knotenpunkt Patriarchat“ die prägende Diskriminierung in der römisch-katholischen Kirche zu sein. Theologie und Religion zielen aber auf die Freiheit. Ich bin davon überzeugt, dass diese befreiende Dimension bei aller Gebrochenheit der kirchlichen Gottesrede noch vorhanden und erfahrbar ist. Darum ist in der kirchlichen Sprache selbst grundgelegt, dass sie immer wieder kritisiert und weiterentwickelt werden kann und muss. Diese Bewegung wird nie abgeschlossen sein. Nur im Bewusstsein der je eigenen Begrenztheit und Vorläufigkeit lässt sich das Gottesgeheimnis ins Wort bringen. Wo umgekehrt das menschliche Wort der Weiterentwicklung entzogen wird, wird es vergöttlicht und steht damit der Gottesbegegnung selbst im Weg, und es wird dabei letztlich zu einer leeren Hülle, die nicht mehr mit der Wirklichkeit der Sprechenden gefüllt ist – und auch nicht mehr mit einem Abglanz der Wirklichkeit Gottes.

Nichtpatriarchale Gottesrede als Notwendigkeit

Wenn sie nicht ungehört verhallen soll, muss die Rede vom Gottesgeheimnis immer neu entwickelt werden. Und wenn patriarchale Strukturen immer klarer als unterdrückende und zu überwindende Strukturen begriffen werden, dann ist die Entwicklung einer nichtpatriarchalen Gottesrede eine unumgängliche Aufgabe. Diese Aufgabe ist umso schwieriger, als das Patriarchat die römisch-katholische Gottesrede so durchdringt, dass es zumindest aus der Innenansicht gar nicht mehr selbst auf den ersten Blick wahrzunehmen ist. Elizabeth Johnson stellt das Problem in wenigen Sätzen umfassend dar, wenn sie schreibt:

> „Auch bei flüchtiger Betrachtung ist es offensichtlich, dass sich die christliche Gemeinschaft normalerweise am Modell des herrschenden männlichen Menschen orientiert, wenn sie über Gott spricht. Sowohl die benutzten Bilder als auch die sie begleitenden Begriffe spiegeln die Erfahrung der Männer wider, die innerhalb eines patriarchalen Systems Verantwortung tragen. Die Schwierigkeit liegt nicht darin, dass männliche Metaphern verwendet werden, denn Männer sind ebenfalls nach dem Bilde Gottes geschaffen und eignen sich folglich, begrenzt als Ausgangspunkt für das Sprechen über Gott zu dienen. Vielmehr besteht das Problem darin, dass diese männlichen Begriffe ausschließlich, wortwörtlich und patriarchal gebraucht werden.“[1]

Die Entwicklung einer nichtpatriarchalen Gottesrede verlangt ein neues Sich-ins-Verhältnis-Setzen zu Gott und eine genaue Prüfung der Denkmuster und Sprachspiele, die zur Anwendung kommen. Sie ist dazu eine praktische Angelegenheit, bei der die Sprache im Entstehen schon dem liturgischen Ernstfall ausgesetzt und auf ihre Tragfähigkeit hin überprüft wird: Die Möglichkeit nichtpatriarchaler Gottesrede lässt sich nicht unabhängig von der Praxis der Gottesrede, also im besonderen Maße nicht unabhängig von der liturgischen Sprache erörtern. Denn in der liturgischen Sprache findet die Rede von Gott erst einen Resonanzraum. Natürlich gibt es andere Resonanzräume, und es werden mehr, je leerer die Räume der Liturgie bleiben. Trotzdem muss eine kirchliche Gemeinschaft diese gottesdienstlichen Resonanzräume pflegen und besonders beachten, weil hier die Selbstvergewisserung als Glaubensgemeinschaft stattfindet. Liturgische Sprache setzt, prägt, aktualisiert und reproduziert, wie wir unseren Glauben buchstabieren. Mit „wir" ist in diesem Fall die Glaubensweise innerhalb der römisch-katholischen Kirche gemeint, Vergleichbares lässt sich für andere kirchliche Traditionsgemeinschaften aber auch herausarbeiten.

Liturgische Ignoranz gegenüber wissenschaftlichen Erkenntnissen

Der Graben zwischen theologischer Forschung und kirchlicher Praxis zeigt sich ausgerechnet und unvermeidlicherweise besonders deutlich im Bereich der liturgischen Sprache. Exegetische Erkenntnisse und andere Erträge der wissenschaftlichen theologischen Forschung finden nur sehr verzögert Eingang in die Liturgiesprache. Die Liturgie ist deswegen von besonderem Gewicht, weil innerhalb der katholischen Kirche ein Deutungsmonopol gegeben ist, bei dem in zentralistischer Weise verbindliche Texte vorgegeben werden. Das betrifft etwa die Leseordnung, die bestimmte Verbindungslinien zwischen biblischen Texten nahelegt, bestätigt, vereindeutigt, verschweigt oder negiert, die aber auch durch die Auswahl und Kürzung der biblischen Texte die Vielfalt der biblischen Tradition einengt und nach einer Systematisierung, die keiner Kritik unterworfen ist, hervorhebt oder zum Schweigen bringt. Das betrifft aber auch die Formulierungen der Gebete, die in ihrer deutschen Übersetzung häufig den Nominalstil des Lateinischen nachzubilden versuchen und nicht selten eher nach dogmatischer Belehrung der Gottesdienstfeiernden denn als Gebete zu Gott in seiner*ihrer Nähe und Entzogenheit klingen.

Das Problem einer systemstabilisierenden Sprache

Und auch das Menschen-, Welt- und Gottesbild, das den verbindlich vorgegebenen Gebeten zugrunde liegt, wird keiner Kritik unterzogen, die die gesellschaftlichen, kulturellen, persönlichen Hintergründe und Standorte der Formulierenden einbeziehen würde: In der liturgischen Sprache findet die Selbstrelativierung keinen Widerhall, die sich einstellen muss, wenn man die Standortgebundenheit des eigenen Welt- und Gottesverständnisses beachtet. Es ist eine systemstabilisierende, bestimmte Herrschaftsstrukturen legitimierende Gottesrede aus dem Sprachraum einer privilegierten, mit einer sprachlichen Abkürzung als „alte weiße Männer" bezeichneten Gruppe. Wer die Sprache für die Liturgie normiert und als verbindlich vorgibt, hat eine enorme Macht über die Möglichkeiten der Glaubensaneignung durch die kirchliche Gemeinschaft. Mit dieser Macht wird bislang nur vordergründig transparent umgegangen. Vordergründig ist durch die hierarchische Struktur der römisch-katholischen Kirche klar, wer hier die Leitung und damit die Deutungshoheit innehat. Aber wie diese Leitung zustande kommt, wer warum in welche (Leitungs-)Position kommt, bleibt oft unklar. In Bezug auf die Liturgie sind hier insbesondere die liturgischen Kommissionen zu nennen, die verbindliche Vorgaben machen, aber für die Gläubigen nicht sichtbar werden und diese Vorgaben den Gläubigen gegenüber nicht begründen müssen. Es gibt darum für die Gläubigen keine effektiven Wege, die Entscheidungen der Liturgischen Kommissionen anzufechten.

Im Bereich der Liturgie wird so abgebildet, was für die gesamte Konstruktion von Macht in der Ämterhierarchie der römisch-katholischen Kirche gilt: Die auf Ausschluss beruhende Konstruktion von Macht wird nicht immer wieder kritisch auf ihre kulturellen und gesellschaftlichen Ursprünge hin befragt, sondern im Gegenteil in ihrem So-Sein sakralisiert und so der Kritik der Ausgeschlossenen entzogen. Das überrascht umso weniger, als die Emanzipation der Nichtprivilegierten durch Aneignung der befreienden Botschaft von der Solidarität Gottes mit den Unterdrückten und Entrechteten diese Ordnung in Frage stellen würde.

Das Ergebnis ist eine massive Verarmung der liturgischen Sprache, und diese betrifft wiederum in besonderer Weise die Gottesrede. „Gott" wird in der aktuellen Sprache der römisch-katholischen Liturgie ausgesprochen verengt dargestellt. Von den Realisierungsweisen Gottes kommen im Gottesdienst nahezu ausschließlich solche zur Sprache, die auf einem Dualismus von Gott und Welt beruhen und die Gott in der Rolle des Herrschers, Königs und Vaters anreden. Auch das Bild des Vaters, das ja viele Beziehungsoptionen anbietet, wird nicht in einem breiten Bedeutungsspektrum angewendet, sondern stereotyp im Sinn eines liebevollen, aber übermächtigen Bestimmers gebraucht. Im liturgischen, aber auch im sonstigen innerkirchlichen Gebrauch wird die Rede von Gott als Vater, Herr und König so sehr mit der Wirklichkeit Gottes gleichgesetzt, dass sie nicht mehr als analoge Rede wahrgenommen wird. „Gott ist Vater“ wird in dieser Sprachgemeinschaft nicht mehr als Bild, sondern als Wirklichkeit Gottes wahrgenommen. Das wäre in sich ein kleineres Problem, wenn die Bilder für Gott weniger verengt wären.

Die vereindeutigende Tendenz begrenzt die Gottesrede aber so, dass in dem so gebildeten Sprachraum wichtige Wirklichkeiten der Sprechenden wie auch der angesprochenen göttlichen Instanz nicht mehr zum Klingen kommen können. Weder die Abgründigkeit Gottes angesichts der menschlichen Gewalterfahrung noch die schöpferische Vielfalt werden damit auch nur ansatzweise angedeutet. In einer Sprache, die dogmatische Eindeutigkeit transportieren will, lassen sich ambivalente Erfahrungen nicht ausdrücken. Ein auf ein eindeutiges Gottesbild begrenzter Glaube wird aber widersprüchliche und mehrdeutige, dissonante Erfahrungen des Menschseins oft genug nicht integrieren können und sich diesen Erfahrungen dann letztlich nicht gewachsen zeigen.

Wie tief die Gleichsetzung von Sprachbildern mit der Wirklichkeit Gottes im Bewusstsein der kirchlichen Gemeinschaften verwurzelt ist, hat sich beispielsweise am Sturm der Reaktionen auf die „Bibel in gerechter Sprache“[2] gezeigt. „Darf man das?“, war die Grundfrage der Reaktionen. Darf man am grammatischen Geschlecht vorbei übersetzen? Verfälscht man den biblischen Befund, wenn man einen Plural Maskulin aus dem Hebräischen mit männlicher und weiblicher Form überträgt? Um das kurz einzuschieben: Ja, das darf man, denn der linguistische Befund ist hier nicht neutral. Wie im Französischen auch macht im Hebräischen die Anwesenheit eines männlichen Individuums eine ansonsten ausschließlich weibliche Gruppe zum sprachlichen Plural Maskulin. Und die Abwesenheit von Frauen ist in den seltensten Fällen gesichert: Nur verschwinden die Frauen in den Strukturen der männlichen Sprachformen. Das ist für die aktualisierende Erinnerung der biblischen Geschichten genauso ein Problem wie für die gesellschaftliche Teilhabe heute.

Variierende Gottesnamen oder „Herr"?

Die „Bibel in gerechter Sprache" hat insbesondere den Gottesnamen quer zur Tradition übersetzt, ihn durch farbliche Hervorhebung gekennzeichnet und die Übertragung jeweils aus einem ganzen Bedeutungsspektrum verschiedener Benennungen gewählt und Alternativen dazu angegeben. Den so entstandenen Text zu lesen bedeutet, von der Nennung des Gottesnamens irritiert zu werden, besonders wenn der Text dann vorschlägt, SIE zu lesen, oder DIE EWIGE, DIE LEBENDIGE. Die Abwehr dagegen war groß, schnell wurde klargestellt, dass die „Bibel in gerechter Sprache" in römisch-katholischen Gottesdiensten keine Anwendung finden dürfe.

Interessanterweise gab es keinen vergleichbaren Aufschrei, als 2016 die neue Einheitsübersetzung vorgestellt wurde, die den Gottesnamen durchgängig mit HERR überträgt und die sprachliche Selbstoffenbarung Gottes aus dem biblischen Text geradezu tilgt: Ein einziges Mal kommt der Gottesname in seiner annähernden Bedeutung noch vor, und zwar in einer Fußnote zu Ex 3,14. Der entsprechende Bibelvers, in dem ein hebräisches Sprachspiel mit dem Verb *sein* den Gottesnamen erläutert, wird mit einem im Hebräischen nicht vorhandenen Maskulinum übersetzt: „Ich bin, der ich bin." Im Hebräischen ist das Relativpronomen geschlechtlich aber nicht bestimmt, die gegengeschlechtliche Übersetzung „Ich bin, die ich bin" wäre also genauso richtig wie eine Übersetzung, die geschlechtliche Festlegungen vermeidet: „Ich bin, was ich bin." Im zweiten Teil des Verses wird dann ein männlicher Artikel ergänzt, der sich im hebräischen Text nicht findet: Aus „Ich-bin hat mich gesandt" wird „Der Ich–bin hat mich gesandt". Es sind gerade solche vermeintlichen Kleinigkeiten, die die Gottesrede einengen und dem biblischen Text seine Weite nehmen, die angesichts seiner Entstehung in einem patriarchalen Umfeld eigentlich umso bemerkenswerter und hervorhebenswerter ist. Der Zusammenhang von „Ich-bin" mit dem Gottesnamen geht dabei verloren; was dieses Sprachspiel mit der Gottesbezeichnung HERR zu tun hat, wird auch in der Fußnote nicht offengelegt und muss Nicht-Fachleuten unverständlich bleiben. So klingt dann auch die Zusage „Ich bin" nicht mehr bei jeder Nennung des Gottesnamens mit, stattdessen dominiert ein männliches Herrscherbild den biblischen Text.

Bei der Vorstellung der neuen Einheitsübersetzung wurde als Begründung für diese Übertragung auf die jüdische Praxis verwiesen, beim Lesen des Gottesnamens diesen nicht auszusprechen, sondern

„Adonaj“ zu lesen, auf Deutsch „Herr“. Diese Weise der Versprachlichung wird dort aber nicht am verschriftlichten Text selbst vorgenommen, sondern erst beim Lesen aktualisiert. Der unaussprechliche Gottesname bleibt als sprachliches Einfallstor der Transzendenz bestehen. Wer den Text liest, kann „Adonaj“ sagen, muss das aber nicht, sondern kann auch zu anderen sprachlichen Alternativen greifen. Zudem hat „Adonaj“ keine Entsprechung in der Alltagssprache, sodass eine Verwechslung oder Identifikation mit menschlichen Herrschaftsweisen weniger naheliegend ist.

Das monotone HERR der Einheitsübersetzung beruft sich auf die Septuaginta, die im hellenistischen Frühjudentum etwa ab 250 v. Chr. entstandene Übertragung der hebräischen Bibel ins Griechische. Dass die Septuaginta aber beispielsweise hinsichtlich Auswahl, Anordnung und Umfang der biblischen Texte äußerst kreative Aneignungsprozesse der biblischen Schriften in einen neuen kulturellen Kontext hinein dokumentiert, wurde bei dieser Bezugnahme nicht ansatzweise nachvollzogen. Damit geht eine Verflachung des biblischen Gottesbildes einher, die angesichts des hohen ehrenamtlichen Einsatzes der Übersetzer*innen für die neue Einheitsübersetzung besonders zu bedauern ist.

Die Frage der Übersetzung oder Übertragung in einen neuen kulturellen Kontext hinein ist aber nicht nur hinsichtlich des Gottesnamens von Bedeutung, sondern die biblischen Schriften und damit ein wesentlicher Teil des Gottesdienstes sind ohne Bezug auf ihren gesellschaftlichen Kontext nicht angemessen zu verstehen.

Was Jüdinnen und Juden, Christinnen und Christen als Offenbarung Gottes in den Texten der hebräischen Bibel (und im Fall der Christinnen und Christen auch in den Texten des Neuen Testaments) als Offenbarung Gottes entdecken, kommt im Gewand der Sprache zur Welt. Sprache ist aber immer Gespräch, sie funktioniert nicht allein als einseitige Kommunikation, sondern sie erhält ihre Bedeutung im Spiel zwischen Sprechenden und Hörenden, Verstehenden, Antwortenden. Für den Umgang mit biblischen Büchern bedeutet das: Sprache ereignet sich in bestimmten Kontexten, und diese Kontexte gilt es zu beachten, wenn die Sprache später tradiert, gedeutet, inszeniert wird.

Das gilt besonders für Marginalisierungen im Text, in dem bestimmte Sichtweisen auf das erzählte Geschehen dominieren und andere Perspektiven unsichtbar bleiben oder aktiv unsichtbar gemacht werden. Solche Marginalisierungen betreffen insbesondere die Frauengeschichten in der Bibel, von ihnen ist in Irmtraud Fischers Bild vom Eisberg nur ein kleiner Teil noch im Text sichtbar, der viel größere Rest ist „im Meer der Vergessenheit untergetaucht, wenngleich manchmal noch in seinen wahren Ausmaßen erahnbar"[3]. Angesichts der patriarchal geprägten Kulturen, in denen die biblischen Schriften entstanden sind, kann dieser Befund nicht überraschen. Zu einem verantwortlichen Umgang mit der geglaubten Offenbarung Gottes in diesen Schriften gehört es, genau solche Marginalisierungen zu erkennen und sie nicht fortzuschreiben. Auch hier lassen die offiziellen Vorgaben der römisch-katholischen Liturgiekommissionen ein angemessenes Reflexionsniveau vermissen.

Eine Tradition der Imperialisierung des Gottesbildes

Nun ist die biblische Gottesrede, besonders wenn man die verschütteten Traditionen sichtbar macht, vielfältig, vieldeutig und weit bedeutungsoffener als heute den meisten Christinnen und Christen bewusst ist. Der Gottesdienst ist der prominenteste Resonanzraum der biblischen Texte in der kirchlichen Gegenwart. Darum ist ein liturgischer Umgang mit diesen Texten, der weder die eigene Standortgebundenheit noch die eigenen Privilegien anerkennt oder gar reflektiert, ein Filter, der von der reichen biblischen Tradition nur einen kleinen Teil zum Klingen bringt. Zugleich kann die Bibel und können Glaubensaussagen, durch diesen Filter betrachtet, ihre befreiende Kraft kaum mehr entfalten. Das Glaubenszeugnis „Gott wird uns retten/richten/aufrichten" hat eine ganz andere Sprengkraft, wenn die Mehrfachdiskriminierten es sich aneignen, als wenn es die Privilegierten tun, die damit die Sicherung ihrer eigenen Vorherrschaft legitimieren.

Es würde zu kurz greifen, diesen verengenden Umgang mit der Tradition des Glaubens an Gott, von dem*der die Bibel erzählt, einzelnen Individuen zur Last zu legen. Es ist eine ihrerseits wiederum lange kulturelle Tradition der Imperialisierung des Gottesbildes, die hier zu Buche schlägt. Insbesondere die liturgischen Bücher der römisch-katholischen Kirche zur Ordnung ihrer Gottesdienste aktualisieren dieses imperialistische Bild und können in dem Moment keine Resonanz mehr entfalten, in dem die Gesellschaft die alten Herrschaftsstrukturen nicht mehr anerkennt. Es ist darum kein Wunder, dass die Praxis des Gottesdienstes genau dann drastisch abnimmt, wenn die Beteiligten („das Volk") sich darin nicht mehr wiedererkennen, wenn beispielsweise die Bemühungen um Beteiligung, Gleichberechtigung und Geschlechtergerechtigkeit so gar keinen Widerhall in der liturgischen Sprache finden, sondern die liturgische Sprache im Gegenteil immer massiver ein nicht mehr anschlussfähiges Welt-, Menschen- und Gottesbild durchzusetzen und einzuschärfen versucht. Tragisch ist das darum, weil aus der Perspektive der theologischen Forschung dieser Dualismus nicht zwingend wäre. Theologie will die Wirklichkeit durchsichtig machen auf Gott hin, keine alternative Wirklichkeit schaffen. Religiöse Sprache und religiöse Weltdeutung sind nicht dazu da, Konkurrenzen zu anderen Wissensbeständen aufzubauen, sondern die religiöse Sprache entdeckt im besten Fall hinter dem verstandesmäßigen Weltverstehen und dem, was wir alltäglich für plausibel halten, einen größeren Sinnzusammenhang, eine tiefere Geborgenheit, eine weiter reichende Hoffnung. So könnte auch eine angemessene liturgische Sprache einen Resonanzraum bieten für heutige Glaubenserfahrungen, anstatt mit einem nur noch für Eingeweihte verständlichen Fachvokabular einen parallelen Sprachraum zu bilden, der kaum noch Anhalt im sonstigen Leben der Mitfeiernden hat. Ein solcher paralleler Sprachraum entwickelt, abgeschnitten von den Wurzeln des alltäglich gelebten und ins Gebet gebrachten Lebens, letztlich eine Sklerose, er verknöchert und erstarrt und vermag nicht mehr zu tragen.

Einen parallelen, gesellschaftlich weitgehend nicht mehr anschlussfähigen Raum stellt die Kirche auch in ihrem Umgang mit Macht und Geschlecht dar. Und es ist kein Zufall, dass sich auch in diesem Bereich der Graben zwischen Kirche und Theologie in der liturgischen Praxis auf besonders markante Weise zeigt, wenn etwa die liturgischen Texte zur Priesterweihe jede historisch-kritische Forschung zur Ämtertheologie negieren und biblische Bilder auf eine völlig unkritische Weise aktualisieren. Auch theologische Konzepte, die so heute überholt oder zumindest fragwürdig geworden sind, wie ein unkritischer Vorsehungsglaube, ein ungebrochen theozentrisches Weltbild oder eine so nicht mehr haltbare Opfertheologie, werden in der liturgischen Sprache genauso wie ein patriarchales Gottesbild weiterhin aktualisiert und fortgeschrieben.

Wenn die Sprache der göttlichen Offenbarung trotz der Marginalisierungstendenzen der Tradition bunt und vielfältig ist, dann kann eine auf Zentralisierung und Deutungshoheit bedachte Übersetzung in aktuelle Gottesdienstsprache hinein dieser Buntheit und Vielfältigkeit nicht gerecht werden. Es würde nicht einmal genügen, einfach jede männliche Form der Gottesanrede durch eine weibliche zu ersetzen, auch wenn der Verfremdungseffekt dadurch schon einen Wert in sich hätte: Bringt er doch zu Bewusstsein, dass es der göttlichen Wirklichkeit gegenüber nicht angemessen sein kann, wenn sie mit männlicher Anrede immer ein bisschen besser ins Wort gebracht zu sein scheint als mit weiblicher, wenn es also immer irgendwie ein bisschen richtiger zu sein scheint, Gott „Er“ zu nennen, auch wenn diese menschliche Grammatik angesichts der verzehrenden, heiligen Wirklichkeit Gottes überhaupt keinen Bestand haben dürfte.

Nein, ein Denk- und Glaubenssystem, das sich mit dem Autoritätsargument gegen theologische Erkenntnis immunisiert, wird durch einen Austausch der grammatikalischen Geschlechter in der Gottesrede höchstens vorübergehend irritiert. Es wird dadurch aber nicht so aufgebrochen, dass die heutige Welterfahrung, dass Ambivalenzen und vielfältige Diskriminierungserfahrungen, dass Emanzipationsbestrebungen und Ermächtigung der Unterdrückten darin Einzug halten und es wie bei einer Geburt aufweiten könnten, ausgerichtet auf eine offene Zukunft Gottes hin, in der ungerechte Herrschaft überwunden und neue Gemeinschaft möglich wird.

Gesucht ist eine suchende Gottesrede

Dazu braucht es eine Gottesrede, die sucht, statt zu behaupten. Es braucht eine Aneignung der Offenbarung und ihre furchtlose Übersetzung in heutige

Kontexte hinein, in der nicht die Angst vor der „Diktatur des Relativismus“ den Ton angibt, sondern die emanzipatorische Perspektive auf eine offene Zukunft Gottes hin.

Liturgie lebt von Resonanz und Verbundenheit. Eine liturgische Sprache, die Verbundenheit nur behauptet, sie aber nicht erfahrbar macht, verhindert die Resonanz bei den Mitfeiernden genauso wie der Versuch, ein unhinterfragt patriarchales Gottesbild in einer post-patriarchalen Gesellschaft zum Klingen zu bringen. „In dieser Kirche, in diesem Gottesdienst komme ich mit meinem Leben nicht mehr vor“: Diese Erfahrung wird die römisch-katholische Konstruktion der Wirklichkeit über kurz oder lang zum Einsturz bringen.

Es wäre aber noch so viel zu entdecken an Gottesbildern und Welthoffnungen, inspiriert von der Vielfalt der humanwissenschaftlichen Erkenntnisse und der überwältigenden Erfahrung des Kosmos'. Die Klimabewegung und die Emanzipation der Unterdrückten, von der Black-Lives-Matter-Bewegung über die Sensibilisierung für genderfaire Sprache bis zum Feiern der Vielfalt des Lebens in unzähligen Facetten der Geschlechtlichkeit, sie könnten zu Zeichen der Zeit werden, um die befreiende Perspektive eines biblisch begründeten Glaubens ins Heute zu entfalten.

Warum und wie also nichtpatriarchal von Gott reden?

Gott weiblich anreden

Wenn Liturgie von Resonanz und Verbundenheit lebt, dann ist das Bemühen um eine sensible Sprache alles andere als einfach nur eine Befindlichkeit. Wirklich gesehen zu werden kann als eine ursprüngliche Sehnsucht des Menschen bezeichnet werden – nicht umsonst ist es schon und besonders für sehr kleine Kinder elementar wichtig, von ihren Bezugspersonen wahrgenommen zu werden, zuerst natürlich mit ihren Bedürfnissen, dann aber auch mit ihrer Persönlichkeit. Darum ist einer der schönsten Gottesnamen der hebräischen Bibel der, in dem eine mehrfachdiskriminierte Frau in Gott ihre Rettung findet: Hagar, die von Abrams Frau Sara in die Wüste verstoßene schwangere Sklavin, erkennt Gott als „El Ro'i": „Du bist Gott, der mich sieht." (Gen 16,13) Für die liturgische Sprache ist das in drei Hinsichten relevant:

Erstens ist es elementar, alle Anwesenden bei einer direkten Anrede auch wirklich anzureden. Dass Frauen in der Regel keine Brüder sind, hat sich herumgesprochen. Dass es sich aber auch bei Anreden in rein männlicher Form wie „Liebe Mitchristen" um ausschließende Sprache handelt, ist noch nicht flächendeckend etabliert.

Zweitens braucht es bei allen „Wir"-Formulierungen eine Sensibilität dafür, wen dieses „Wir" ein- oder ausschließt, wer selbstverständlich gemeint und wer nur mitgemeint ist. Das geht über die sprachliche Repräsentanz hinaus und betrifft auch die Inhalte: Welche Gebete können wirklich die Anliegen aller ins Wort fassen?

Die dritte Dimension ist die wichtigste, weil wirkmächtigste, und zugleich die, die am wenigsten unmittelbar einleuchtet: Es braucht eine nicht-ausschließende Sprache auch bei der Gottes-Anrede. Einsichtig ist das nur über einen Umweg: Wenn das göttliche Gegenüber ausschließlich in männlichen Bildern geglaubt und angesprochen wird, dann ist dieses Gegenüber für alle weniger zugänglich, die selber nicht männlich sind. Das Eigene wird zudem auf- oder abgewertet, je nachdem, ob es auch als Attribut Gottes vorgestellt wird oder nicht. Oder anders: Wie wir von Gott sprechen, prägt auch, wie wir von Menschen denken. Wenn wir von Gott also einseitig in *weißen*, männlichen Kategorien sprechen, dann werden alle anderen menschlichen Kategorien automatisch und unbewusst als nicht gottähnlich vorgestellt. Wenn Gott mit weiblichen Bildern scheinbar nicht angemessen angeredet wird, dann deswegen, weil das Weibliche nicht in der gleichen Weise gottähnlich geglaubt wird wie das Männliche. Und umgekehrt: Wenn das Nicht-Männliche bei der Gottesrede immer den Verdacht der Partikularität in sich trägt – das zeigt sich etwa an Formulierungen wie „die weibliche Seite Gottes“, womit das Weibliche als Spezielles vom männlichen Allgemeinen ausgegliedert wird –, dann sorgt das auch dafür, dass Geschlechterhierarchien in der menschlichen Gemeinschaft nicht abgebaut werden. Wenn Gott aber die Geschlechtergrenzen überschreitet, dann lässt sich Gott mit allein weiblichen Bildern genauso vollständig oder unvollständig ins Wort bringen wie mit männlichen Bildern. Eine Gottesrede, in der weibliche Anreden die männlichen lediglich ergänzen können, schreibt zudem ein bipolares Denken fort, das seinerseits wiederum Ausgrenzungen produziert. Mit weiblichen Bildern von Gott zu sprechen, heißt darum auch nicht, dass nun die Gottesrede ausschließlich um Attribute ergänzt würde, die traditionell dem Weiblichen zugeschrieben werden: Es geht nicht darum, das Bild eines herrschenden, richtenden Gottes durch das vermeintlich weibliche Bild einer sanften und liebevoll-zugewandten Gottheit zu ergänzen. Männliche Gottesbilder können sanft und zugewandt sein und weibliche stark und zornig – wie eine Löwenmutter ja auch eine ernstzunehmende Gefahr ist für alles, was das Leben ihrer Jungen bedroht. Es geht um eine vielfältige, ein breites Spektrum abdeckende Gottesrede, und um möglichst viele Andockpunkte für Beterinnen und Beter. Das Muttersymbol könnte zudem besonders geeignet sein, auch ambivalente Erfahrungen des Menschseins Gott gegenüber ins Bild zu bringen, so wie eine Mutter für ein kleines Kind ja auch etwas sehr Mächtiges und höchst Geheimnisvolles ist und die spätere Abgrenzung die Vielschichtigkeit dieser Beziehung deutlich macht. Über weibliche Gottesbilder wird die Gottesvorstellung also nicht nur um bergende und behütende Seiten ergänzt, sondern vor allem kommt die Macht des Leben-Hervorbringens, des Tragens und Nährens, der Zorn allem gegenüber, was das Leben bedroht, die unvorstellbare Lebendigkeit neu ins Bild – und damit ist das Potential weiblicher Gottesrede nur sehr schemenhaft und unvollständig angerissen.

Und für alle drei Perspektiven gilt: Begründungspflichtig ist nicht ihre Anwendung, sondern wenn sie übergangen werden. Keine nicht-männliche Person muss rechtfertigen, warum sie sich bei einer männlichen Ansprache nicht ausreichend gemeint fühlt. Wie bei jedem Privileg ruft das in der Regel zuerst einmal Abwehr bei den bislang Privilegierten hervor, weil sie damit konfrontiert werden, dass sie zur Ausgrenzung anderer Gruppen beitragen. Niemand hört das gern. *Weiße* Menschen hören in der Regel nicht gern, dass ihre Blindheit gegenüber Hautfarben – „für mich ist es egal, welche Hautfarbe jemand hat" – einem Privileg entspringt: Solche Farbenblindheit muss man sich leisten können. Und ähnlich hören Männer in der Regel nicht gern, dass Sprachbilder, die ihnen selbstverständliche Zugehörigkeit vermitteln, für Nicht-Männer ausgrenzend sind. Analog dazu hören geweihte Personen in der Kirche in der Regel nicht gern, dass Laien und Laiinnen ihnen gegenüber einen minderen Rechtsstatus in der katholischen Kirche einnehmen. Auch Gleichheit muss man sich leisten können.

Für männliche Christen kann es durchaus überraschend sein, zu hören, wie selbstverständlich es für viele Frauen ist, nicht gemeint zu sein, sondern sich über Umwege als auch-mitgemeint selbst definieren zu müssen. Davon wird insbesondere im Kapitel zu den Psalmen die Rede sein. Eine weibliche Gottesrede kann aber auch für diese Gruppe überraschende, neue, berührende Zugänge zu Gott öffnen.

Nun ist es ein geläufiges Argument, dass die kirchlichen Texte eben Ergebnisse einer langen und reichen Tradition seien und nicht einfach die Alltagssprache mit ihren schnellen Änderungen aufgreifen müssten. Überhaupt bestünde ein Gottesdienst aus vielen Sprachspielen, die es im Alltag so nicht gebe: Veraltete grammatikalische Formen („lasset uns beten"), Wechselgebete, die Anrede der anderen als „Schwestern und Brüder", der Friedensgruß, bei dem auch der Sparkassendirektor geduzt wird. Die Sprache der Nicht-Alltäglichkeit hebe den Gottesdienst eben aus dem Alltag ab und unterliege deswegen anderen Bedingungen.

Das ist natürlich richtig. Eine Gottesdienstsprache, die etwa auf jedes gebundene oder formelhafte Element verzichtet, läuft Gefahr, entweder banal oder grenzüberschreitend zu werden, also entweder sehr naiv daherzukommen oder die Zuhörenden ungefragt zu nah in das Seelenleben des oder der Betenden hineinzunehmen. Auch kann es das eigene religiöse Wachstum unterstützen, in eine Sprache der Nicht-Alltäglichkeit hineinzuwachsen. Es bleibt aber der gewichtigere Umstand, dass religiöse Sprache, die ausgrenzt, Menschen vom Gottesgeheimnis fernhält, und dass sie zum Relevanzverlust des Glaubens beiträgt: Wenn die Sprache, mit der wir vom Göttlichen sprechen, nicht irgendwie übereinzubringen ist mit der Sprache des sonstigen Lebens, dann wird es schwierig mit der Lebensrelevanz des Glaubens.

Ein eigenständiges Phänomen im Spektrum der patriarchalen Gottesrede ist die komplette Ersetzung des Wortes „Gott" durch den Artikel: „Er", entweder mit großem E oder ganz in Großbuchstaben geschrieben. Damit wird sowohl Ehrfurcht ausgedrückt als auch eine personale Benennung totalisiert: Es geht um „Er“ als Gegenüber, nicht „Es“ als Prinzip, aber dieser „Er“ ist nicht mehr als Bild von einer göttlichen Wirklichkeit erkennbar, vor der unsere Sprache verstummt. Gerade das einengende männliche Geschlecht wird dann nicht mehr als sprachliche Krücke, als Analogie und begrenztes menschliches Bild für Gott erkannt, sondern Gott *ist* dann Er.

Die besondere Schwierigkeit daran ist, dass dieses Er sich zu oft nahtlos einfügt in menschliche, männliche Herrschaftsstrukturen: Meinem Eindruck nach wird dieses Er besonders häufig verwendet, wenn es um Gedanken geht, die in den Vorstellungskomplex der Vorsehung gehören, gelegentlich ergänzt durch das ebenfalls großgeschriebene Sein. Von „Sein Wille geschehe“ bis zu Ihm will ich gehorchen“ – es scheint mir kein Zufall zu sein, dass bei diesen Wendungen im Deutschen ebenso wie in englischen oder französischen Sprachräumen immer männliche Artikel und Pronomen hervorgehoben und zur verkürzten Benennung Gottes herangezogen werden. Das weist auf eine Nähe von gedachter göttlicher zu erfahrbarer männlicher Herrschaft hin, bei der es in einer Linie vom antiken Hausvater über den barocken Landesvater bis zu Gottvater geht. Indem die besonders ehrfürchtige Rede Gott auf einen männlichen Artikel verkürzt, wird eben gerade nicht ausgesagt, dass Gott alle menschlichen Herrschafts- und Geschlechtsstrukturen übersteigt, sondern es wird ein einseitig männliches Bild gefestigt. Ebenfalls kein Zufall scheint mir zu sein, dass Er im katholischen Bereich verstärkt in spirituell elitär gestalteten Kontexten wie etwa Neuen Geistlichen Gemeinschaften zu finden ist, die Tendenzen zu geistlicher Übergriffigkeit und Autoritätsmissbrauch haben.

Das weist auf eine aktuell noch bestehende Chance weiblicher Gottesrede hin: Gegenwärtig ist weibliche Sprache keine Herrschaftssprache. Sie kann also davor bewahren, Vorstellungen von Gottes Herrschaft mit menschlicher Herrschaft zu verwechseln oder menschlichen Autoritätsmissbrauch mit dem Willen Gottes zu rechtfertigen. Langfristig geht es natürlich darum, dass es überhaupt keine missbräuchliche Gottesrede mehr gibt, die ungerechte Herrschaft religiös unterfüttert. Respekt vor großen Worten wäre ein guter erster und auch zweiter und dritter Schritt auf diesem Weg.

Gotteswort, weiblich: Ein Versuch

Ich habe den Blog „Gotteswort, weiblich" gestartet, weil ich als Frauenseelsorgerin für eine große, dichtbesiedelte Region vor einem Dilemma stand: Es ist meine Überzeugung, dass das Angebot einer geschlechtergerechten Gottesrede Menschen neu in Kontakt mit ihren spirituellen Quellen bringen kann, und dass die Gottesrede da, wo Menschen sie als vieldimensional und differenziert erleben, eine ganz andere, auch emotionale Kraft entfalten kann. Eine geschlechtersensible Gottesrede kann einen neuen emotionalen Zugang zu Gott eröffnen wie auch die Brüchigkeit menschlicher Gottesrede erfahrbar machen, Gott also in seiner*ihrer Nähe und Entzogenheit ins Wort bringen.

Und auf einer ganz pragmatischen Ebene ist es

meine Überzeugung, dass sich geschlechterfaire Verhältnisse in der Kirche erst nachhaltig etablieren lassen, wenn auch die Gottesrede geschlechterfair ist. Einer der Ursprungssätze der feministischen Theologie ist der ebenso schlichte wie kompakte Satz von Mary Daly: „Wenn Gott männlich ist, dann ist das Männliche Gott." Oder: Solange Gott mit männlichen Bildern scheinbar immer ein bisschen besser, richtiger und angemessener gefasst wird, solange wird eine unterschwellige Abwertung des Weiblichen wirkliche Geschlechtergerechtigkeit verhindern. Hinzu kommt schließlich noch, dass eine ausschließlich männlich geprägte Gottesrede auch zum Relevanzverlust des kirchlich verfassten Glaubens nach außen und zu seiner Erosion nach innen beiträgt, weil das göttliche Geheimnis nicht mehr zum Klingen kommen kann, wenn wir vergessen, dass unsere Bilder eben nur Bilder sind und Gott selbst diesen Bildern immer unähnlicher als ähnlich ist. Eine Liturgiesprache, die männliche Bilder verabsolutiert, verfehlt das göttliche Geheimnis und bewirkt im Letzten die Selbstsakralisierung einer patriarchalen Institution. Und auf einer praktischen Ebene koppelt sie sich immer weiter ab von einer Gesellschaft, die mehr und mehr Bewusstsein für Diskriminierung und Marginalisierung entwickelt. Die Erosion der Kirchenbindung nicht nur in Deutschland, sondern auch in bis in die jüngste Vergangenheit hinein stark katholisch geprägten Ländern wie zum Beispiel Polen, ist nicht zuletzt die Folge einer solchen Abkoppelung.

Es braucht also eine geschlechtergerechte Gottesrede im Kernbereich des christlichen Gottesdienstes, in der Liturgie. Aber selbst wenn ich jeden Tag in einer Gemeinde der großen Region, für die ich zuständig bin, eine Liturgie leiten würde, könnte ich nur punktuell wirken, weil ich in jeder einzelnen Gemeinde nur zwei- bis dreimal im Jahr sein könnte – ganz abgesehen davon, dass ich es immer vorziehe, wenn Menschen der Liturgie vorstehen, die auch vertraut mit der Gemeinde sind und aus ihrer Mitte kommen, denn auch das ist eine Frage von Kontakt und Relevanz.

Aus diesen beiden Gegebenheiten – die Notwendigkeit einer geschlechtergerechten Gottesrede einerseits und eingeschränkte persönliche Möglichkeiten andererseits – ist „Gotteswort, weiblich" entstanden: Als ein Angebot für die ehrenamtlichen oder auch hauptamtlichen Leiterinnen und Leiter von Wort-Gottes-Feiern, die auf dieser Plattform für jeden Sonntag des Kirchenjahres einen Text finden, der eine neue Perspektive auf die Texte aus der katholischen Leseordnung für den jeweiligen Sonntag eröffnet. Das können Auslegungen oder alternative Übersetzungen eines Lesungstextes oder des Sonntagsevangeliums sein, das können aber auch Gebetstexte sein: Eingangsgebete oder Fürbittgebete, Übertragungen eines Psalms oder Segenstexte. Die Texte erheben den Anspruch, dass sie gut zum Mitbeten taugen und die Balance halten zwischen subjektiver und öffentlicher Sprache.

Um ehrlich zu sein, hatte ich mir das einfacher vorgestellt. Im genauen Lesen sämtlicher für jeden Sonntag vorgesehenen Texte und erklärenden Kommentare ist mir immer wieder deutlich geworden, wie männerzentriert die Sprache und Inhalte der Sonntagsliturgie sind, sodass weibliche Perspektiven den

Texten immer wieder abgerungen werden müssen. Es wurde mir immer offensichtlicher, dass hier eine den Glauben aushöhlende, verengte, verarmte und verflachte liturgische Sprache gepflegt wird, die den Kontakt zur Welt verliert, den sie doch gerade herstellen soll. Gleichzeitig habe ich im Tun erst einen Einblick in die Komplexität der geschlechtergerechten Gottesrede bekommen. Während mir die geschlechtersensible Exegese mit ihren Ansätzen und Methoden durchaus geläufig war, war die Systematik der geschlechterfairen Gottesrede mir weitgehend neu – es reicht eben nicht, einfach nur männliche Bilder durch weibliche zu ersetzen. Wie sehr die hergebrachte Sprache der Dogmatik und der Liturgie nicht nur von männlichen Sprachbildern, sondern auch von patriarchalen Weltvorstellungen durchdrungen sind, hatte ich vorher bestenfalls geahnt. Darum bedeutet die Arbeit an „Gotteswort, weiblich" für mich auch eine stetige Auseinandersetzung mit Gottesvorstellungen überhaupt. Es ist keine rhetorische, sondern eine sehr fundamentale Frage, ob ein nichtpatriarchaler christlicher Gottesglaube überhaupt denkbar ist. Oder haben die patriarchalen Weltvorstellungen sich so tief in die Substanz des Christentums eingeschrieben, dass eine Weiterentwicklung nicht möglich ist? Die Beantwortung dieser Frage hat Folgen nicht nur für die Sprache, sondern auch für religiöse Vorstellungen etwa in Bezug auf die Gebetserhörung, das Handeln Gottes in der Welt oder die Inkarnation. Die Voraussetzung von „Gotteswort, weiblich" ist die nicht erwiesene, sondern aktiv gesetzte Prämisse, dass ein nichtpatriarchales Christentum möglich ist: dass sich in Bibel und Tradition die

Stränge freilegen und stärken lassen, die widerständig zu jeder männlich-patriarchalen Herrschaft bleiben.

Die andere Seite dieser Frage ist: Es gibt lange etablierte theologische Entwicklungen wie die anthropologische Wende oder die Theologie nach Auschwitz, die eindringlich die Frage nach dem Wirken Gottes in der Geschichte und der Abgründigkeit der menschlichen Freiheit stellen. Dass diese theologischen Erträge ebenso wenig im Bereich der kirchlichen Sprache zum Tragen kommen wie die Erträge der feministischen Theologie, scheint mir zum mehrfach erwähnten Relevanzverlust der kirchlichen Verkündigung beizutragen. Und eine Ursache dafür, dass sie nicht zum Tragen kommen, scheint mir wiederum zu sein, dass es vielfach bei einer theoretischen Sprache geblieben ist, die nicht dem Ernstfall der Liturgie ausgesetzt wurde. Oder umgekehrt sind die liturgischen Räume vor diesen neuen theologischen Inhalten aktiv verschlossen worden: Die intensiven Forschungen etwa zur Möglichkeit, die Allmacht oder Ohnmacht Gottes im Angesicht der Abgründe der menschlichen Freiheit zu denken, haben genauso wenig Eingang in die liturgische Sprache gefunden wie die Überlegungen zum Verhältnis der christlichen Tradition zur hebräischen Bibel, zur Neuinterpretation des Kreuzestodes jenseits einer nicht mehr akzeptablen Vorstellung von einem rachsüchtigen Gott, der das Opfer Jesu zur Sühne für die Sünden der Welt fordert, oder zur Offenheit der Geschichte, die nicht von einem Weltenlenker gesteuert wird – alle diese Überlegungen werden nicht in den aktiven liturgischen Sprachgebrauch übernommen. Im Gegenteil ist in den vorgegebenen liturgischen Texten weiterhin ungebrochen von einem allmächtigen Vatergott die Rede, der die Welt, die Geschichte und die Herzen der Menschen mehr oder weniger direkt lenkt, das Opfer seines Sohnes zur Sühne der Sünden der Welt einfordert und dessen vorrangige Betätigung das Herrschen ist, das aber nicht als ein Eintreten für die Unterdrückten und Ausgebeuteten beschrieben wird, sondern vor allem bedeutet, von den Menschen gelobt zu werden.

Eine umgekehrte Entwicklung war die hin zu einem ersten Ausweg für die Kirche aus der Sackgasse des Antimodernismus: Wenn nicht die liturgische Bewegung mit ihrem Sitz im Leben in der Jugendbewegung seit den 20er Jahren des 20. Jahrhunderts im deutschen Sprachraum eine neue liturgische Sprache und damit neue Verbindungen zwischen Glauben und Leben etabliert hätte, dann wären die Öffnungen des Zweiten Vatikanischen Konzils nicht denkbar gewesen. Ein wiederum weitgehend zum erzwungenen Stillstand gekommener umgekehrter Prozess ist das Wirken der Befreiungstheologie, die unter anderem deswegen so hart von der Glaubenskongregation unter Joseph Kardinal Ratzinger bekämpft wurde, weil sie Auswirkungen auf die liturgische Praxis hatte. Aus ähnlicher Richtung kamen die Vorbehalte gegen die Aufnahme einiger Texte von Huub Oosterhuis ins neue Gotteslob, weil auch diese Texte mit ihrer suchenden, offenen Perspektive kirchliche Eindeutigkeitsansprüche in Frage stellen.

Eine sehr häufige Reaktion, wenn ich vom Projekt „Gotteswort, weiblich“ als Ansatz der Frauenseelsorge erzähle, ist die Antwort, die wie auf Knopfdruck kommt: „Aber Gott hat doch kein Geschlecht!“

Das stimmt. Es bleibt aber die Frage, warum diese Empörung sich so gut wie nie einstellt, wenn von Gott eindeutig männlich gesprochen wird. Männliche Bilder sind genauso richtig und genauso falsch wie weibliche Bilder. Aber die Kritiker dieses Ansatzes haben in noch einem Punkt recht: Wer geschlechtergerecht von Gott redet, will die bisherige Lehre der Kirche verändern. Es würde eine andere Gottesrede, und damit auch eine andere Kirche. Sie wäre freier und einladender, glaubwürdiger, hoffnungsfroher und menschlicher. Vor allem wäre sie offener. Sie würde davon ausgehen, dass das, was wir von Gott wissen können, immer weniger ist als das, was wir nicht wissen können.

Das Projekt „Gotteswort, weiblich“ ist Teil eines größeren Umbruchs, bei dem letztlich verhandelt wird, ob mit Bibel und Tradition der Rahmen gegeben ist, in den wir alle neuen gesellschaftlichen und religiösen Fragen einpassen und aus dem alle Antworten auf solche neuen Fragen schon mitgegeben sind – oder ob wir mit der Bibel in der Tradition der immer neuen Suchbewegungen nach angemessener Sprache für das Göttliche stehen, ob Bibel und Tradition also den Ausgangspunkt bilden, von dem aus man gleichsam der Fluglinie des initial angestoßenen Balls folgen kann in eine offene Zukunft, deren Rahmenbedingungen vorher unbekannt waren und in der nur die bisherige Fluglinie des Balls die Richtung angibt.

Ein plastisches Beispiel für diese unterschiedlichen Herangehensweisen ist der Umgang mit dem Satz aus der ersten Schöpfungserzählung der Bibel, die eigentlich strenggenommen eine Sabbaterzählung ist: „Und Gott schuf den Menschen nach seinem Abbild, als Abbild Gottes schuf er ihn, männlich und weiblich schuf er sie." Nun kann man das als eine einengende Beschreibung verstehen, gestützt von einer ungenauen Übersetzung, die „als Mann und Frau" übersetzt anstelle der Adjektive „männlich und weiblich". Davon ausgehend kann man alles ausgrenzen und für irrig und nichtig erklären, was nicht in dieses Bild von genau zwei Geschlechtern passt. Dann ist die Aussage „Gott schuf Mann und Frau" der Rahmen, in den alles hineinpassen muss, was heute gesellschaftliche Realität annimmt, und damit ist auch gegeben, was göttlich gewollt ist und was nicht. Man kann aber auch – Irmtraud Fischer hat eindrücklich darauf hingewiesen – diese Schöpfungssprache inklusiv verstehen und als eine Einladung zur Vielfalt lesen: Gott erschafft alles, was ist. Gott wird besungen als die Kraft, die Licht und Dunkel, Wasser und Land erschafft. Aber natürlich sind in diesem Horizont auch die Dämmerung und der Strand Werke Gottes. So lässt diese Schöpfungserzählung auch die Freiheit, den Menschen in seiner ganzen geschlechtlichen Differenziertheit von männlich bis weiblich als gottähnlich zu verstehen. Dann ist der ausgedrückte Glaube, dass alle geschlechtliche Verfassung des Menschen Gottes bejahte Schöpfung ist, die Fluglinie des Balls – und in dieser Linie lässt sich weiterspielen, auch wenn der Ball in einem bisher unbekannten und verwirrenden Spielfeld der geschlechtlichen Diversität gelandet ist.

Analog verhält es sich mit den Sprachbildern, in denen wir unseren Glauben buchstabieren können, zum Beispiel mit dem Wort und Beziehungsangebot, Gott „Vater" zu nennen, das in den Schriften des

Neuen Testaments gemacht wird – je später diese Schriften entstanden sind, desto häufiger übrigens. Das ist auch ein Hinweis darauf, dass gewissermaßen mindestens im späten Embryonalstadium des Christentums ein patriarchaler Einfluss nachhaltig auf die Entwicklung eingewirkt hat. Andernfalls müsste man annehmen, dass in diesem Bild der patriarchale Einfluss zur genetischen Ausstattung des Christentums gehören würde.

Man könnte das Bild und Beziehungsangebot von Gott als Vater nun eng auslegen und den Standpunkt einnehmen, dass Gott ausschließlich „Vater" ist, und ansonsten darauf hinweisen, dass Gottes Wirklichkeit und Beziehungsangebot alle familialen Bilder überhaupt übersteigt. Man könnte zweitens diese enge Auslegung akzeptieren und das Spielfeld nur ein bisschen erweitern, indem man darauf verweist, dass auch die Vaterrolle gesellschaftlich geprägt ist und damit „Gott Vater" in einer nachpatriarchalen Gesellschaft andere Konnotationen aufweisen kann und das Bild somit wandlungsfähig bleibt. Man könnte aber als dritte Möglichkeit auch die biblische Offenbarung als Öffnung hin zu Gott, nicht als Festlegung verstehen und das Beziehungsangebot in den Vordergrund stellen: Gott kann als mehr als eine ferne, beziehungslose und übermächtige Gewalt angenommen werden. Gott kann die ultimative Nahbeziehung zu uns einnehmen, die – zumindest im Ideal – bedingungslose Liebe wie die eines Elternteils zum Kind. Dann aber kann man Gott ebenso als „Mutter" anreden oder die Anrede ganz offen lassen: „Gott, für uns wie Vater oder Mutter".

Wenn Offenbarung fortschreitend geschieht,

dann ist immerhin die Möglichkeit gegeben, dass es eine Inkulturation des christlichen Glaubens auch in eine gleichberechtigte und geschlechtergerechte Gesellschaft geben kann. Das ist der größere Kontext von „Gotteswort, weiblich“. Dass Öffnungsschritte immer auch Versuchscharakter haben, scheint mir unvermeidlich. „Gotteswort, weiblich“ ist der Versuch einer neuen Gebetssprache: einer Sprache nicht für alle Ewigkeit – die überlasse ich Gott –, sondern für das Hier und Heute, in konkrete Situationen hinein. Denn was im Konkreten nicht trägt, sondern für alles und jedes passen soll, bleibt blass und blutleer: *One size fits no-one*.

Dieser Versuch findet in der kirchenhistorisch anstrengenden Umbruchzeit statt, in der wir leben. Mir scheint, dass die aktuellen innerkirchlichen Debatten etwa um Geschlechtergerechtigkeit und Autorität Teil eines großen Transformationsprozesses sind, bei dem es um die Ablehnung oder Aneignung der Moderne in der Kirche, ja um die Modernefähigkeit der Kirche geht. „Gotteswort, weiblich“ ist ein praktisches Unternehmen in der Zuversicht, dass die Überwindung patriarchaler Gottesrede und eine weitere Entfaltung des Gottesgeheimnisses in dieser Welt möglich sind.

Dieses Buch enthält in den folgenden Teilen Gebets- und Segenstexte aus dem Fundus von „Gotteswort, weiblich“. Zu „Gotteswort, weiblich“ gehören auch noch eigene Übersetzungen oder Übertragungen biblischer Texte, Auslegungen und Einführungen in biblisch-antike Bilderwelten. Diese sind aber so spezifisch auf den jeweiligen Sonntag des Kirchenjahrs hin verfasst, dass sie keinen Eingang in diese Sammlung gefunden haben. Die Abfolge der Kapitel mit Gebets- und Segenstexten orientiert sich am Ablauf einer Wort-Gottes-Feier, sie sind für die Anwendung in Wort-Gottes-Feiern und für andere gemeinschaftliche Gebetsanlässe gedacht.

Den Eingangsgebeten, Psalmgebeten, Fürbitten und Segensgebeten wird jeweils eine allgemeine Einordnung zu ihrer Funktion und ihrem Charakter vorangestellt sowie Hinweise auf die mit ihnen verbundenen Fallstricke und Möglichkeiten. Das Ziel dieser Sammlung ist es, Leiter*innen von Wort-Gottes-Feiern und anderen Gottesdiensten zu unterstützen, die in ihrer jeweiligen Rolle Anteil daran haben, Gott in dieser Welt ins Wort zu bringen und Menschen Zugänge zum Beten zu eröffnen.

Eine nichtpatriarchale Gebetssprache finden

Sprechen über Gott hat eine lange, männlich geprägte Tradition. „Darf" man Gott Mutter nennen? „Darf" man Göttin sagen? „Darf" man Gott als „Sie" bezeichnen, als Schwester, als Schöpferin? Nicht selten haben Menschen eine Scheu davor: Es fühlt sich auf den ersten Versuch nach einer Grenzüberschreitung an und braucht einen Lern- und Aneignungsprozess.

Nun gehört eine heilige Scheu ohnehin zur Begegnung mit dem Heiligen, die Religionswissenschaft nennt es darum auch ein „mysterium fascinosum et tremendum", „faszinierendes und erschütterndes Geheimnis" (Rudolf Otto). Davon zu unterscheiden ist aber die erlernte Furcht vor dem Verlassen der kulturell geprägten Sprachspielfelder. In der christlichen und ohne Abstriche auch in der römisch-katholischen Tradition wurde und wird die religiöse Sprache in einer von männlicher Macht gestalteten und mit Zugriff auf die Gewissen ausgestatteten Institution erlernt, gepflegt und weitergegeben. Das hat Auswirkungen auf die Einzelnen und ihre Sprache, egal welchem Geschlecht sie angehören. Gerade die Verbindung von Macht und Sündenvergebung bringt eine Verwechslungsgefahr von göttlicher und menschlich-männlicher Macht mit sich; Michel Foucault hat diesen Zusammenhang auf den oft eher assoziativ gebrauchten Begriff der „Pastoralmacht" gebracht. Sich von einer religiösen Sprache zu emanzipieren, die fast ausschließlich in männlichen Bildern von Gott spricht und in einem Beziehungsverhältnis von Über- und Unterordnung erlernt wird, in dem die übergeordneten Instanzen dem männlichen Geschlecht vorbehalten sind, ist zuerst ein individueller Lernprozess. Gott ist in den erlernten Sprachspielen Vater, und das scheint das angemessenste Bild zu sein. Interessanterweise fällt das Wort „Abba", Vater, aber erst im Johannesevangelium sehr häufig, dem am spätesten niedergeschriebenen Evangelium im Neuen Testament. Jesu Sprechen von Gott war vielfältig und farbig, und die Konzentration auf das Vater-Bild ist wie weiter vorn schon erwähnt eine Entwicklung der frühen Kirche. Wo männliche und göttliche Macht verwechselbar ist, da kann auch die Scheu vor der Emanzipation von der männlichen Sprache mit der Scheu vor dem Heiligen verwechselt werden. Es kann Überwindung nötig sein, um von Gott in Bildern zu sprechen, die keine starke Tradition haben und ungewohnt, vielleicht sogar falsch wirken – aber die Übertretung gilt dann nur den Sprachgewohnheiten der kirchlichen Gottesrede, nicht dem Göttlichen.

Darum kann ein erster, ermutigender Schritt sein, wahrzunehmen, welche Bilder die Bibel für Gottes Wirklichkeit und schöpferische Gegenwart kennt, auch wenn sie keinen Eingang in die kollektive Wahrnehmung gefunden haben: Es gibt hier menschliche Bilder wie das Bild der Gebärenden[4], der stillenden Mutter[5] oder der Hebamme[6] und Bilder aus dem Tierreich wie die Vogelmutter[7] oder die wütende Bärin[8]. Es gibt Bilder auf der Schwelle von personalen zu transpersonalen Vorstellungen wie das Bild der (Frau) Weisheit[9] und schließlich Bilder, die die personale Dimension ganz hinter sich lassen wie Feuer[10] und Wasser[11], Atem[12], Wolke[13], Felsen[14]... Eine nichtpatriarchale Gebetssprache zu finden, bedeutet vor diesem Hintergrund, die vielfältigen Möglichkeiten der Gottesrede zu entdecken und demgegenüber die Begrenzungen der institutionell tradierten Gebetssprache zu erkennen und sich von ihnen frei zu machen: Ja, man „darf" Gott als Mutter benennen, als Göttin, als Schöpferin. Das sind genauso passende und unpassende Bilder wie alles Sprechen über Gott. Eine Einübung in eine buntere, vielfältigere Gottesrede kann dann sein, erst einmal alle männlichen Sprachspiele um weibliche zu ergänzen: „Mutter" neben „Vater" zu sagen, „die Ewige", nicht nur „der Ewige", „Gott, die" statt „Gott, der". Das verändert und erweitert den Klangraum der eigenen religiösen Sprache. Was im persönlichen Gebet dann zum Klingen kommt, was der eigenen Gottesbeziehung neue Dimensionen erschließt, die auch im wortlosen, schweigenden Gebet noch nachhallen, ist notwendig individuell.

Nun sind es zwei verschiedene Schritte, selber neue Gottesvorstellungen in die eigene Gottesbeziehung zu integrieren, und solche Vorstellungen auch in eine mit anderen Menschen geteilte Gebetssprache zu bringen. Mir geht es bei allen folgenden Überlegungen um diese zweite Dimension: um die Gebetssprache, nicht um das Gebet an sich. Die Unterscheidung ist gerade darum wichtig, weil das Gebet, auch wenn es im öffentlichen Kontext stattfindet und gesprochen wird, die Person selbst bindet. Es ist als öffentliches Gebet mehr und etwas anderes als ein persönliches Gebet, aber es hat immer auch einen subjektiven, höchstpersönlichen Anteil – ohne persönliche Beteiligung der vorbetenden Person geht es nicht. Dann wäre es kein Gebet, sondern nur ein Wortvortrag. Wenn es aber um persönliches Beteiligtsein geht, dann erfolgt jede Vorgabe im Verdacht des unzulässigen Eingriffs in die persönliche Sphäre des betenden Menschen. Alles, was ich zu Gebetssprache schreibe, schreibe ich im Wissen darum, dass der Kontakt, der im Gebet geschieht, grundsätzlich höchstpersönlich und unverfügbar bleibt, und dass das Gebet die gewählten Formulierungen überschreitet – die Formulierungen sind nur die äußere Form, das Gebet selbst ist mehr. Wie bei zwischenmenschlichen Sprachäußerungen auch, besteht es aus den Dimensionen des Sachinhalts, des Appells, der Selbstkundgabe und der Beziehungsaussage (Schulz von Thun), und es transportiert damit, was die Beterin oder der Beter von sich selbst und von Gott annimmt und glaubt. Damit ist aber, anders als bei zwischenmenschlichen Äußerungen, eine den Menschen übersteigende Dimension gegeben: Selbstkundgabe und Beziehungsaussage enthalten eine Verortung dem gegenüber, was ich vom In-der-Welt-Sein glaube, enthalten meine Annahmen über Sinn und Ziel der Welt und meines Lebens und damit auch den je ganz individuellen Angang, mein eigenes Leben auf eine Dimension hin auszurichten, auf die hin ich nur glauben kann. Diese Dimension des Göttlichen kann sich für mich nur bewahrheiten, wenn ich im Glauben darauf setze, dass sie sich bewahrheiten wird. In diese sehr persönlichen Dimensionen des Betens anderer Menschen, in Worten oder im Schweigen, kann und will ich nicht eingreifen. Ich schreibe lediglich über die menschliche, zwischenmenschlich mitteilbare Dimension des Betens, nämlich die Gebetssprache, und darüber, welche Zugänge sie zu dem Bereich des Unverfügbaren hin öffnet oder eben möglicherweise auch verschließt. Es kann dann ein Nebeneffekt sein, dass sich über die Gebetssprache auch die eigene Verortung dem Göttlichen gegenüber ändert, oder dass Gott mit anderen Aspekten assoziiert wird.

Eine mit anderen Menschen geteilte Gebetssprache braucht ein gewisses Maß an Objektivität oder Über-Individualität, weil man sehr leicht in den Bereich der spirituellen Übergriffigkeit kommt, wenn man eine sehr persönliche Gebetssprache zum Gebet aller macht. Und: Eine mit anderen Menschen geteilte Gebetssprache braucht einen Konsens, wie angemessen von und mit Gott zu sprechen ist. Diesen Konsens kann man in der Absicht verlassen, einschränkende und einseitige Bilder zu weiten und so zu einem neuen Reichtum des gemeinsamen Betens zu kommen. Behutsamkeit ist dennoch angeraten, um die hörend Mitbetenden ins Beten hinein zu begleiten und nicht daraus heraus zu katapultieren. Auch wenn ich beispielsweise auf einer sprachlichen und sachlogischen Ebene überzeugt bin, dass die Bezeichnung „Gott" und „Göttin" deckungsgleich verwendet werden können, so würde eine solche Anrede in einem Rahmen, wo diese Überzeugung nicht etabliert ist, auf eine Weise irritieren, dass das Ziel, gemeinsam ins Gebet zu finden, ziemlich sicher verfehlt wird, und das ist natürlich nicht im Sinn der Sache. Beim Beten sollte man sich aufeinander verlassen können.

Gebete und Gebetssprache im Gottesdienst

Die verschiedenen Gebetstypen lassen sich grob unterteilen in die Bereiche Lob, Dank, Klage und Bitte; hinzu kommt die Dimension der Einforderung, die die Selbstauskunft Gott gegenüber ausdrücklich ins Wort bringt und vergegenwärtigt, wie und als wer Gott geglaubt wird und sich erweisen soll. „Einforderung" ist etwas anderes als eine Bitte, weil es nicht um etwas Drittes geht, das erbeten wird, sondern um das Gottsein Gottes an sich. Und es ist etwas anderes als Vergegenwärtigung, weil das Gegenwärtig-Setzen nicht in der Macht der Beterin oder des Beters liegt.

Im gottesdienstlichen Gebet in der katholischen Kirche werden vor allem Dank und Lob formuliert sowie eine gezähmte Form des Bittgebets gepflegt – selten wird Gott bestürmt, es überwiegt die höflich-zurückhaltende Bitte. Mir scheint das mit dem patriarchal geformten Gottesbild zusammenzuhängen: Einem liebevollen, aber übermächtigen Bestimmer-

Vater gegenüber sind Dank und Lob viel naheliegender als Klage und Einforderung. Das beginnt bei der Anrede – im Allgemeinen etwas wie „Allmächtiger Gott", „Gütiger Gott" oder auch „Allmächtiger, guter Gott", manchmal auch „Gott, unser Vater" –, geht weiter bei der Selbstbezeichnung der Betenden – „deine Diener", „dein Volk" oder einfach „wir" – bis zur Handlungsbitte an Gott: Er möge geben, helfen oder zulassen, dass die Betenden tun, was moralisch gut, und glauben, was katholisch richtig ist. Das wird weder der menschlichen Freiheit noch der christlichen Verantwortung gerecht und wirkt als Gebet insgesamt merkwürdig ziellos.

Sich eine nichtpatriarchale Gebetssprache anzueignen, bedeutet darum mehr als das grammatikalische Geschlecht bei der Gottesanrede zu variieren. Es kann auch andere Aspekte des Betens hervorheben, die Einforderung oder die Klage betonen oder das Bittgebet drängender machen – wobei letzteres eine eigene Reflexion dessen erfordert, was von Gott angesichts der menschlichen und evolutionären Freiheit eigentlich zu erbitten sein kann. Davon wird im Kapitel über das Fürbittgebet die Rede sein.

Sich eine nichtpatriarchale Gebetssprache anzueignen, bedeutet dann auch, sich darüber klar zu werden, welche Gottesvorstellungen eigentlich dem eigenen Beten und dem Gebet der Gemeinde zugrunde liegen. Theologie bringt Glaubensaussagen in den Dialog mit der Philosophie und rechtfertigt den Glauben vor der Instanz der Vernunft – nicht mit dem Ziel, den Glauben objektiv zu beweisen, was nicht möglich ist, aber mit dem Ziel, nachzuweisen, dass der Glaube nicht der Vernunft widerspricht.

Denn ein Widerspruch zwischen Glaube und Vernunft widerspräche dem Glauben daran, dass der Mensch mitsamt seinem Verstand vor Gott bejaht wird, und dann wiederum wäre ein Gottesglaube nicht widerspruchsfrei möglich. In dem Moment aber, wo solche theologische Würdigung der menschlichen Vernunft im Raum des Gottesdienstes keinen Widerhall findet, da kann der Gottesdienst das Leben nicht mehr richtig tragen, weil inner- und außerhalb des Gottesdienstes verschiedene Welt-, Gottes- und Menschenbilder gepflegt werden. Dann verliert die Praxis des Gottesdienstes den Kontakt zur Theologie und deren Gespräch mit der Gegenwart, und der Gottesdienst verliert seine Relevanz.

Das betrifft zum Beispiel viele Gebete in den aktuellen liturgischen Büchern, die Annahmen über Gott transportieren, die theologisch längst überholt sind. Da wäre etwa der Vorsehungsglaube zu nennen, der nur in einem Weltbild Sinn ergibt, in dem alles, was Menschen tun, von Gott nicht nur vorhergewusst, sondern auch vorherbestimmt und entsprechend gelenkt ist. Vor diesem unkritisch fortbehaupteten Vorsehungsglauben ist für ein in Freiheit selbstbestimmtes Leben kein Platz, noch schwieriger wird es aber mit Blick auf die Kreuzestheologie, ruft das Kreuz in Kombination mit der Vorsehung doch ein Gottesbild auf, dem sich Menschen schon aus Gründen der Menschlichkeit verweigern. Zu nennen ist hier auch der ungebrochene Allmachtsglaube, der nicht durch und über abgründige Gewalterfahrungen zu tragen vermag: Er wurde dann auch spätestens von der Theologie nach Ausschwitz so angefragt, dass das Verhältnis von Gott, Welt und menschlicher Freiheit von Grund auf neu buchstabiert werden musste. Dieses Neu-Buchstabieren hat leider nur wenig Niederschlag in den Gebetsformulierungen gefunden, die weiterhin schon in der Anrede unerschrocken und unbeirrt von „Gott, dem allmächtigen Vater“ sprechen.

Natürlich muss eine heutige Gebetssprache nicht auf Bilder verzichten. Religiöse Bildsprache ist häufig im Bereich der erzählenden, der mythischen oder der symbolischen Sprache angesiedelt. Das sind keine Vorstufen der aufgeklärten Sprache, mit der Menschen der Moderne sich und das Göttliche in der Welt sortieren, sondern eine grundsätzlich andere Art zu sprechen. Sie können den Glauben für Menschen auf eine andere Art erschließen als die aufgeklärte Sprache der autonomen Vernunft, sie können Gefühle und Ahnungen, Halb- und Unbewusstes und die Sprache der Träume auf Gott hin fruchtbar machen. Alle religiösen Sprachen haben ihre Berechtigung. Es funktioniert aber nicht oder zumindest nicht gut, die Sprachen zu vermischen. Es wird ein religiöses Kauderwelsch, wenn zum Beispiel eine erzählende Rede über das göttliche Kind, das direkt von Gott abstammt, objektiviert und auf biologische Vorgänge angewendet wird, über die sie rein gar nichts aussagen wollte. Der Zustand des Hymens der Mutter Jesu war in der Antike nicht von Interesse. Heute würde ein wortwörtliches, objektivierendes Verständnis der Erzählung von der Jungfrauengeburt die Glaubensaussage über den Menschen-von-Gott schlicht unglaubwürdig machen: Wenn bildliche, erzählende, symbolische Sprache nicht als solche verwendet und verstanden wird, führt sie in Widersprüche, die nicht mehr mit dem Autoritätsargument zu lösen sind.

Darum ist es wichtig, Bilder als Bilder kenntlich zu machen und Wechsel in der verwendeten Sprache zu benennen oder auf andere Weise nachvollziehbar zu gestalten.

Denn im Gottesdienst kommen mitunter verschiedene religiöse Sprachen zum Zug, die dann aber nicht notwendig als verschiedene Sprachen ausgewiesen werden, so wie auch verschiedene Gottesverortungen und Verhältnisse zwischen Gott und Menschen nebeneinander stehen – was wenig problematisch wäre, wenn es transparent gemacht würde. So aber stehen Versatzstücke eines Hofzeremoniells in den Kyrie-Rufen neben einzelnen Elementen aus jüdischer Gebetstradition; eine Gebetssprache, die aus der Perspektive der Gottesdienstgemeinde spricht, steht neben Gebetssprache, wo der Beitrag und die Rolle der Gemeinde ausschließlich im Zustimmen und Bekräftigen besteht. Ich halte es für hilfreich, sich darüber klar zu werden, welche Verhältnisse man hier glaubt und in Sprache bringt: Welche Rolle wird von Gott angenommen, wofür wird gelobt, wofür gedankt, bei wem wird sich bedankt? Demgegenüber halte ich eine Vereinheitlichung der verwendeten Gottesbilder nicht für nötig. Im Gegenteil, eine Vielfalt an Namen und Bildern für Gott kann der Langeweile vorbeugen, die von Gott nichts mehr erwartet und in der aus der vertrauten Anrede eine nicht mehr mit Leben und Beziehung gefüllte Floskel wird.

Weil die gängigen Vorgaben der liturgischen Kommissionen nicht das Ziel verfolgen, die patriarchale Gebetssprache zu überwinden, müssen Leiter*innen von Wort-Gottes-Feiern, denen eine nichtpatriarchale Gebetssprache wichtig ist, in der Regel selber Gebete formulieren oder bereits auffindbare Gebete nach diesem Kriterium einschätzen können. Beim Formulieren von Gebeten für den Gottesdienst oder überhaupt für ein gemeinsames Gebet in einer Gruppe ist es eine Herausforderung, die Balance zu halten zwischen Allgemeingültigkeit und Authentizität, zwischen formelhaften und individuellen Formulierungen, zwischen gebundener und alltäglicher Sprache. Es gilt zudem, für sich klar zu haben, ob man als „Wir" oder als „Ich" spricht. Vorgegebene liturgische Sprachspiele sind häufig sehr klar auf der Seite der Allgemeingültigkeit und der formelhaften Formulierungen angesiedelt.

Das ist verständlich, denn Liturgie heißt wörtlich übersetzt „öffentlicher Dienst". Liturgie zu feiern wird auch als heiliges Spiel bezeichnet, und sie diente und dient auch als Repräsentation von sozialer und religiöser Ordnung: Das Verhältnis von Gott und Menschen wird hier ins Wort gebracht, und oft findet auch das Sozialgefüge im Gottesdienst einen symbolischen Ausdruck. Wer wo sitzt, wer wann was sagt, wer welche Kleidung trägt, alles das bringt soziale Ordnung zum Ausdruck und reproduziert sie gleichzeitig. In einer Zeit, in der Relevanz an Glaubwürdigkeit gekoppelt ist und Glaubwürdigkeit wiederum an Authentizität, wird die angestrebte Allgemeingültigkeit aber zum Problem. Gleiches gilt für eine zu offensiv und zu fraglos vorausgesetzte Übereinstimmung der Gottesdienstgemeinde in dogmatischen Fragen, mit denen das Gebet leicht zwischen die gleichermaßen unerfreulichen Fronten „verkopft" und „vereinnahmend" gerät.

Die Vorbeterin, der Vorbeter müssen als selbst betende Personen erkennbar werden, und Gott muss in einer Weise ins Wort gebracht werden, die verständlich und anschlussfähig ist.

Leiter*innen von Wort-Gottes-Feiern können durch eine bewusste Entscheidung für oder gegen liturgische Kleidung, für oder gegen abgesonderte Sitzplätze, für oder gegen bestimmte Gebetshaltungen zum Ausdruck bringen, wie sie ihre eigene Rolle und das Wesen der Gottesdienstgemeinde verstehen, hierarchisch oder gleichberechtigt zum Beispiel. Um Gebetshaltungen wird es im Kapitel über den Segen noch einmal gehen. Hier geht es erst einmal nur um die Sprache.

Liturgie ist bei aller erforderlichen individuellen Erkennbarkeit der Vorbeterin oder des Vorbeters ein heiliges Spiel, oder anders gesagt: Liturgie zu feiern bedeutet, zu wissen, was man tut und was geschehen wird, weil man die Spielregeln zumindest einigermaßen kennt. Die Teilnehmenden können darauf setzen, dass man im Wesentlichen in dem übereinstimmt, was man glaubt und hofft. Es gibt bestimmte Sprachspiele, und es ist wichtig, dass alle die Gelegenheit bekommen, ihren Part zu übernehmen. Ohne den Gottesdienst zu zerreden, ist darum eine begleitende Einordnung für Ungeübte hilfreich, ebenso wie eine klärende Benennung, aus welcher Perspektive und in welcher Weise Gott angesprochen wird. Ein Gebet in einer Wir-Formulierung kann Gott nicht gut in zu unvertrauten oder strittigen Bildern ansprechen, weil damit eine Übereinstimmung behauptet wird, die vermutlich nicht besteht und darum übergriffig ist. Und ein Gebet in einer Ich-Perspektive sollte andererseits nicht zu persönlich werden, weil die Nähe, die über den Einblick in das Seelengebet eines anderen Menschen erzeugt wird, ebenfalls unangemessen sein kann, zumal wenn sie unvermutet erzeugt wird. Zwischen den beiden Polen des allgemeinen und des persönlichen Gebets gilt es dann, ein gutes Maß zu finden. Beim Halten der Balance zwischen Allgemeingültigkeit und Authentizität hilft ein Austarieren von geprägter, vorformulierter und getragen wirkender Sprache auf der einen Seite und individueller, alltagsnaher, freier Sprache auf der anderen Seite. In dieser Balance bewegen sich die Beispieltexte in den folgenden Kapiteln.

Trinitarische Formulierungen

Bevor die verschiedenen Gebetsgattungen betrachtet werden, noch ein paar Überlegungen zu trinitarischen Formulierungen, also zur Formel „Vater, Sohn und Heiliger Geist" in verschiedenen Variationen. Schon aufgrund ihrer verbindenden Wirkung und ihrer Kürzestfassung des christlichen Bekenntnisses und der damit gegebenen Identifikation der Christ*innen mit ihr sind Ergänzungen, Umformulierungen oder Ersetzungen in der Praxis schwierig, auch wenn es sich auch bei trinitarischen Formulierungen um analoge Rede handelt. Gott erschöpft sich nicht im Vater-, Sohn- oder Geist-Sein, Gottes Verhältnis zur Welt lässt sich auch anders beschreiben und in andere Bilder fassen. Dennoch enthält dieser Dreiklang mehr als die einzelnen Gottessymbole: Er spricht vom schöpferischen Handeln Gottes, ohne das es weder Universum noch Leben gäbe, und das sich auch auf jedes einzelne

Lebewesen bezieht, und zwar in der Weise des liebevollen Bejahens und der rückhaltlosen Treue zu diesem Ja. Er spricht vom Selbsterweis Gottes in dieser Welt, in der im Handeln Jesu Gottes befreiende Liebe spürbar und als immer noch wirksam erfahrbar geworden ist. Und er spricht von der wilden, unbeherrschbaren, unfassbaren und alles durchwirkenden Gegenwart Gottes in allem, was ist.

Dabei übersteigt Gott in jeder dieser Dimensionen die Begrenzungen der menschlichen Geschlechtlichkeit. Um zu vermeiden, dass Gott durch die Verwendung dieser bergenden und verbindenden und darum so wertvollen Formel in männliche Bilder gepresst wird, kann man sie in Kombination mit weiblichen Bildern verwenden, etwa bei der Gottesdienst-Eröffnung oder beim Abschluss eines Segenszuspruchs:

> „Ich lade euch ein, dass wir beginnen im Namen Gottes-der-Einen und uns in die Fülle ihrer Gegenwart stellen, wenn wir sprechen: im Namen des Vaters ..." oder

> „So segne euch Gott in ihrer Güte und Treue: Vater, Sohn und Heiliger Geist."

Das Spiel mit den Artikeln gehört zur Freiheit der Kinder Gottes. Grammatikalische Eindeutigkeit und sprachhistorische Kontinuität sind kein Glaubensgut, sondern stellen eher sogar eine Verengungsgefahr dar.

Gebets-Abschluss-Formeln, die die Dreifaltigkeit ins feierliche Wort bringen, aber dabei weitgehend unverstanden bleiben, vermeide ich in der Regel: „Darum bitten wir durch Christus, unseren Herrn" sagt den meisten Menschen im Gottesdienst genauso wenig – was bedeutet „durch jemanden bitten"? – wie die noch feierlichere Ergänzung „der in der Einheit des Heiligen Geistes mit dir lebt und herrscht in Ewigkeit". Ein Bekenntnis ist wichtig, zur Selbstverortung und zum Selbstausdruck im Glauben genauso wie für das Zusammenstehen als Glaubensgemeinschaft vor Gott. Beten ist genauso wichtig. Aber ein Bekenntnis als Gebetsabschluss, das den allermeisten Menschen fremd geworden ist, nützt weder den Einzelnen noch der Gemeinde noch Gott. Hilfreicher zum Wachstum und zum immer tieferen Selbstausdruck im Glauben sind Formulierungen, die diesen geglaubten Dreiklang Gottes selbst zum Thema machen oder in neue Formulierungen bringen wie etwa:

> „So beten wir in Verbundenheit mit Jesus Christus, der deine rettende Macht bezeugt bis ans Ende der Welt" oder

> „Wir glauben, dass du gegenwärtig bist in Ewigkeit, du Gott Jesu Christi, für uns wie Vater und Mutter und der Atem, der uns belebt."

Die trinitarische Formel ist bei der liturgischen Eröffnung des Gottesdienstes oder eines gemeinsamen Gebets mit dem Schlagen des Kreuzzeichens verknüpft. Es gibt Situationen, in denen die Geste bleibend wichtig und gerade in ihrer verbindenden Einbeziehung des Körpers integrierend und heilsam wirkt, in denen aber die sprachliche Hervorhebung des Vaterbildes problematisch ist. Solche Situationen sind etwa möglich, wenn es um die Bewältigung und das Ins-Gebet-

Nehmen erlittener männlicher Gewalt geht. Dann kann das Kreuzzeichen auch von anderen Formulierungen begleitet werden, die sich auf anderen Zuspruch beziehen, mit dem die Bibel Gott als der Welt liebend zugewandte Gottheit ins Wort bringt. Besonders gut eignet sich der unaussprechliche und im Modus des veränderlichen, aktiven Verbs gegebene Gottesname, um Gott in seiner*ihrer Nähe und Entzogenheit ins Wort zu bringen und Gottes Zusage auf den eigenen Leib zu schreiben mit den vier Worten, die das Kreuzzeichen begleiten: Ich – bin – bei – dir.

Quellen der Gottesrede

Die kirchliche Gebetssprache zur Anrede Gottes ist, wie ausgeführt, wenig vielfältig. Für Menschen, die ihre religiöse Muttersprache in diesem Zungenschlag erlernt haben, ist es darum manchmal schwierig, Bilder und Worte für Gott zu finden bzw. selbstbewusst nach solchen Bildern zu suchen, weil sie sich unsicher sind, ob das so richtig und legitim ist. Zur Vergewisserung und Inspiration eignet sich gut die Bibellektüre in der Fassung der „Bibel in gerechter Sprache". Hier wird Gott in Namen aus der Tradition der hebräischen Bibel ins Wort gebracht und dabei wird ebenfalls die geschlechtliche Zuschreibung durch variierende Artikel wie „Der Eine – Die Eine" gesprengt.

Eine weitere Quelle können Erfahrungen sein, die Menschen mit dem machen, was ihr Leben übersteigt. Das sind die Momente, in denen sich unverfügbar und unbegründbar ein Sinnzusammenhang erschließt, eine

Erfahrung, die einen Menschen als Erfahrung der beinahe restlosen Fülle in Beschlag nimmt, ein abgründiges Staunen über das Geheimnis des Lebens und Sterbens. Die materiellen oder personalen Grundlagen dieser Erfahrungen – Elemente der Natur, eine überwältigende Körpererfahrung wie etwa eine Geburt oder die Erfahrung der unbedingten Bezogenheit auf einen anderen Menschen in Glück oder Trauer –, diese Grundlagen lassen sich ins Wort bringen. Und weil sie mit einer den Menschen übersteigenden Erfahrung verbunden sind, lässt sich damit etwas von Gott und Gottes Wirklichkeit ins Wort bringen, wobei es leichter ist, von Gott in dieser Weise in Vergleichen oder Taten zu sprechen:

> „Du Kraft von Feuer und Wasser/Gott, weit wie der Himmel über uns/Gott-unsere-Mutter, du siehst uns an wie wir unser neugeborenes Kind ansehen, voller Staunen und unendlicher Liebe/Gott, unbegreifbar wie der Tod/Du Kraft der Liebe, die uns ganz und gar ergreift/…"

Die biblischen Gottesbilder sind letztlich auf die gleiche Weise zustande gekommen. Nur haben diese Bilder von Gott als Vater oder als Hirte oder als segnende Kraft, die beim Blick in den Sternenhimmel erahnt wird, schon einen Prozess hinter sich, bei dem sie als passende Bilder für eine glaubende Gemeinschaft bestätigt worden sind. Solche Prozesse kommen ins Stocken, wenn zu lange an Bildern festgehalten wird, die nur noch wenig Anhalt in der Erfahrung der Glaubenden haben, so wie es etwa mit dem Bild des Hirten oder des Königs geschehen ist. Dann verlieren die Bilder auf der einen Seite ihren Bildcharakter und auf der anderen Seite ihre Überzeugungskraft, und das Bild, das eigentlich aus einer Gotteserfahrung erwachsen ist, wird blass und blutleer. In einer Glaubensgemeinschaft zu beten kann dann heißen, ohne Furcht vor Subjektivität oder Unangemessenheit nach neuen Bildern für Gott zu suchen. Wie bei allen Gebeten für Gemeinschaften ist auch hier die Anschlussfähigkeit für die Mitbetenden ein wichtiges Kriterium.

Auch die Sprache der christlichen Mystiker*innen kann zur Quelle der eigenen Gottesrede werden. Sie spielt allerdings häufig mit uns fremden Bildern und Gefühlsbeschreibungen. Aber auch wenn sie fremd bleibt, kann sie zumindest zum freimütigen Verwenden neuer Bilder anregen, um Gott ins Wort zu bringen.

Aber in Gebeten Gott ins Wort zu bringen, ist keine Verpflichtung zu immer neuen Anläufen der Kreativität beim Finden von Anreden, Namen und Bildern. Wichtiger scheint mir, Festlegungen immer wieder zu hinterfragen und im Zweifel eher weniger als mehr zu sagen und Bilder darauf zu prüfen, ob sie Andockpunkte für eigene Erfahrungen bieten, ob sie mit Leben zu füllen sind und ob sie Gott in einer Weise einengen, die eine Entsprechung in Einengungen durch menschliche Machtverhältnisse haben: Wenn Männliches höher gewertet wird als Weibliches, dann entspricht die Festlegung von Gott auf männliche Bilder der Unterdrückung und Einengung von Nicht-Männern aufgrund des Geschlechts. Oft reicht es schon aus, von Gott sehr schlicht als „Gott, die ...“ zu sprechen, um Menschen das Herz zu öffnen auf eine neue Gebetserfahrung hin.

Eingangsgebete

Ein Eingangsgebet hat in der Wort-Gottes-Feier zuerst die Funktion der Sammlung: Die zusammen zu sammeln, die anwesend sind, und sich nach dem Kreuzzeichen und gegebenenfalls auch nach den Kyrie-Rufen miteinander in ein Gebet einzuschwingen, um sich gemeinsam in die Gegenwart und unter die Gnade Gottes zu stellen. Es geht also erst einmal in immer neuen Worten um die Gegenwart und Vergegenwärtigung Gottes, um die Begegnung von Gottesdienstgemeinde und Gottesgeheimnis. Damit hat das Eingangsgebet auch die Funktion, im Mitbeten eine Haltung der Offenheit einzunehmen, damit diese Begegnung möglich werden kann, und die Sehnsucht danach auszudrücken, dass Gott spürbar werden möge. Imperative sind wenig geeignet dafür, einen Raum der Begegnung zu eröffnen, ebenso wie direkt die ganz großen Begriffe des religiösen Wörterbuchs heranzuziehen wie „Heil", „Wille Gottes" oder „Gnade". Auch verschachtelte Sätze sind in diesem Zusammenhang eher schwierig.

Wenn ein bestimmter Anlass die Menschen zum Gottesdienst zusammenführt, dann kann darüber ins Wort gebracht werden, was die Anwesenden bewegt, welche Trauer und Angst oder welche Freude und Hoffnung sie mitbringen. Es wird sich verbinden zu einem gemeinsamen Vergegenwärtigen, in dem hoffentlich auch Gottes Gegenwart geglaubt werden kann.

Wenn ein solcher verbindender Anlass nicht besteht, dann tut die*der Vorbeter*in vielleicht gut daran, nicht zu viel gemeinsame Anliegen vorauszusetzen, und auch nicht zu viel Sicherheit, wer und wie Gott für die Einzelnen ist. Ein Eingangsgebet umkreist dann eigentlich immer wieder die gleichen Themen, die doch als Glaubensthemen so unerschöpflich sind: das Geheimnis von Gottes Gegenwart und die Sehnsucht nach Begegnung, die von Menschenseite aus immer mehrdeutig bleibt.

Beim Eingangsgebet geht es so verstanden erst einmal nur ums Dasein, so wie bei einem Wiedersehen geliebter Menschen, wenn vor dem Erzählen und allem anderen erst einmal die Wahrnehmung und nicht die ganz großen Worte stehen: So wie Menschen sich erst mehr oder weniger nah begrüßen und einander beim Namen nennen oder nicht viel mehr sagen als „da bist du ja wieder“, obwohl da so viel mehr zu sagen sein mag, was in dieser ersten Begegnung beim Wiedersehen erst noch ungesagt bleibt.

Nach dem Dasein geht es dann um die Möglichkeit, dass etwas geschehen möge, was sich der menschlichen Wahrnehmung entzieht und unverfügbar bleibt. Heiligkeit ist ein großes Wort und mag von vielen nicht angewendet werden auf die Ahnung, dass da eine Gegenwart erahnbar wird, die nicht aus uns selber kommt. Aber sprachlich könnten sich Menschen, die sich im christlichen Gottesdienst zusammenfinden, darauf einigen, dieses Andere in der Begegnung versuchsweise „Gott“ zu nennen und diesen Begriff ebenso versuchsweise zu ergänzen um das, was gerade an Bildern passend und verfügbar ist.

„Kontakt“ ist dann das Stichwort für den Abschluss des Gebets: eine Sehnsucht, für den Moment, im Hören, Singen und Beten in Kontakt mit Gott zu kommen, mit Worten und Musik eine Brücke zu Gott hin zu betreten, die wenigstens zu einer Ahnung von einer Wirklichkeit jenseits der Unerreichbarkeit und Entzogenheit Gottes führt.

Das mag nun klingen, als sei so ein Geschehen Glaubensfachleuten vorbehalten und eine oder auch mehrere Nummern zu groß für ganz normale Menschen, die mehr oder weniger zufällig, mehr oder weniger allein in einem ganz normalen Gottesdienst sitzen, in einem Raum, der meistens auch das eine oder andere renovierungsbedürftige oder stilistisch fragwürdige Element enthält, Menschen mit einem ganz normalen Alltag und allem, was er an Großherzigem und Kleinkariertem mit sich bringt. Aber genau darum geht es ja im Gottesdienst – dass Gottesbegegnung nicht nur für Expert*innen ist, sondern dass hier geschehen kann, dass die Wirklichkeit Gottes sich für ganz normale Menschen entfaltet, und dass das tastende „Wir" im Eingangsgebet tatsächlich so etwas meinen könnte wie miteinander vor Gott verbunden zu sein. Ich freue mich darum immer, wenn dieses tastende „Wir" nicht direkt wieder zugepflastert wird mit Zuschreibungen wie der, dass wir alle uns als Diener Gottes verstehen, oder mit Erwartungen, was wir mit Gott und miteinander erleben und erreichen wollen.

Sich aufeinander einschwingen, sich zur Heiligkeit Gottes hin zu öffnen und in Kontakt zu kommen: Das ist für ein Eingangsgebet mehr als genug. Es muss nicht rhetorisch glänzen oder immer neue Aspekte benennen. Gottesgegenwart kann gar nicht langweilig sein, und die Bitte darum, als wirkliche Bitte formuliert und hörbar, auch nicht. Dann sind es eben immer wieder die gleichen Sätze, ähnliche Worte in wechselnden Variationen:

Gott – wie oder als wen auch immer ich dich gerade auch ansprechen kann.
Was auch immer uns gerade bewegt.
Dass du spürbar würdest für uns. Dass wir doch etwas von dir erahnen könnten.
Sieh, wir sind hier, und wir strecken uns aus nach dir.
Wir bitten dich um eine Ahnung deiner Gegenwart.
Jetzt und hier und in Ewigkeit, du Gott für uns.

Im Folgenden stelle ich einige mögliche Gebetsformulierungen vor, die die benannten Aspekte berücksichtigen. Sie sind erprobt, und gleichzeitig sind sie natürlich vor allem Vorschläge – man kann sie so in einer Wort-Gottes-Feier verwenden, sie umformulieren, sie den eigenen Gegebenheiten anpassen, oder sie als Anregung verstehen, selber für den nächsten Gottesdienst, den nächsten Gebetsanlass Worte für ein sammelndes Gebet zu finden.

Gebetstexte

Gott,
wer du auch bist und wie du auch heißt, wir sind hier.
Und du bist genau jetzt und hier wohl auch da, auf deine eigene, undurchdringliche Weise.

Und dann ist es ja auch möglich, dass du uns überraschst, dass du für uns spürbar wirst – bergend und tröstend oder auch plötzlich und herausfordernd.
Wie schön das sein wird, dir zu begegnen, du Gott für uns. – Amen.

Gott, die du in allem mächtig bleibst,
du siehst, wovon unser Herz voll ist.
Wir möchten unser Vertrauen in dich setzen
und in deine Treue zu uns.
Dass du zugegen seiest, damit durch uns,
durch das, was wir tun,
und durch das, was wir lassen,
diese Welt nach deiner Verheißung gerechter wird,
menschlicher und liebevoller,
du Gott für uns in Ewigkeit. – Amen.

Gott, du heilige und lebendigmachende Kraft,
vor dir stehen wir mit unserer Sehnsucht:
Sehnsucht danach, verstanden und gemocht zu werden,
Sehnsucht nach Gemeinschaft, Sehnsucht nach Sinn.
Wir setzen unsere Hoffnung auf dich:
dass du uns Menschen zusammenbringst und wir Nähe erleben,
dass Verletzungen bei dir gut aufgehoben sind,
dass wir bei dir erfahren, was wir miteinander und füreinander sein können.

Du, die du uns Leben in Fülle versprochen hast,
Gott in Ewigkeit. – Amen.

Gott-unsere-Mutter:
du bringst das Universum hervor und weist ihm die Richtung.
Auf dich hin können wir unsere Herzen öffnen.
Wir versuchen, der Liebe Raum zu geben und dir darin zu begegnen,
du Gott in Ewigkeit. – Amen.

Gott, für uns wie eine Mutter,
du lässt dich finden in der Stille nach dem Sturm.
Wir stehen vor dir mit unserer Sehnsucht, Ruhe zu finden bei dir,
dir für eine kleine Weile zu begegnen,
um aufzuatmen und Kraft zu schöpfen bei dir.
Die du bei uns bleibst für Zeit und Ewigkeit. – Amen.

Gott, für uns wie eine liebevolle Gärtnerin,
du siehst unsere Arbeit und unsere Ernte.
Dich erahnen wir, wenn wir über die Kraft des Lebens staunen.
Mögest du uns mit deiner Geistesgegenwart streifen,
uns in deiner Wärme halten
und mit deinem Frieden bei uns bleiben,
jetzt und bis ans Ende der Zeit. – Amen.

Gott, du Freundin, Schwester, Retterin,
du bietest uns keine Pause von der Pandemie,
aber einen Ruhepol,
eine Gelegenheit, um einfach nur da zu sein
und einmal loslassen zu können.
So bitte ich dich:
dass du die Abstände zwischen uns mit deiner Gegenwart füllst,
deinen Frieden über uns legst,
uns Boden unter die Füße gibst
und Zuversicht ins Herz,
dass wir hier und jetzt bei dir durchatmen und aufatmen können. – Amen.

Gott, wer du auch bist und wie du auch heißt,
du große Kraft des Lebens irgendwo sehr weit draußen in der Ewigkeit
oder ganz nah, ganz innen hier bei uns,
darum bitte ich dich:
dass wir dich hier spüren können,
dass du uns hier begegnest
in einem Geistesblitz,
einer Verbundenheit,
einem dichten Moment, in dem unser Herz in deinem Rhythmus schlägt.
Und auch wenn wir solche Momente nicht festhalten können,
auch wenn du ein großes Geheimnis bleibst:
Hier sind wir,
und wir strecken uns aus nach dir
und es ist gut,
weil du da bist

und wir da sind
und das genügt.
Amen.

Du Gott-über-allem, hier sind wir:
Um durchzuatmen,
um Kraft zu schöpfen,
und um für eine kleine Weile bei dir anzukommen.
Denn unser verletzliches Leben hängt an dir –
möge deine rechte Hand uns halten,
hier und jetzt und für die Dauer der Tage.
Amen.

Psalmgebet

Ein biblisches Gebetbuch

Die Psalmen aus dem gleichnamigen biblischen Buch haben bis heute einen festen Platz in der katholischen Gottesdienstordnung. Das biblische Buch der Psalmen ist das Gebetbuch, das der Kirche vorausgeht, es ist älter als die christliche Überlieferung und es ist eine Dauerleihgabe aus dem Judentum. Es könnte verbindendes Element zwischen Judentum und Christentum sein, aber dass die Psalmen von zwei Religionen aktiv genutzt werden, gerät leicht in den Hintergrund. Diese Feststellung steht deswegen in diesem Kapitel ganz am Anfang, auch wenn sich alle weitergehenden Betrachtungen mit der christlichen Benutzung des Buchs der Psalmen befassen werden: Die Psalmen sind die Gebete, die auch den Juden Jesus geprägt haben, und sie sind das Buch, auf das das Neue Testament am häufigsten von allen Schriften der hebräischen Bibel mit Zitaten, Aktualisierungen und Auslegungen reagiert.

Umso erstaunlicher ist, dass etwa ein Drittel der Psalmen strenggenommen gar keine Gebete sind, weil sie sich sprachlich nicht an Gott richten. Es sind dann eher Meditationen über die betenden Menschen, über das gute Leben, über das Wirken Gottes in dieser Welt. Und angeredet werden andere Menschen im imaginären Zwiegespräch genauso wie Gott: Weil wir auf dieser Welt miteinander zurechtkommen müssen, und weil es immer wieder Situationen gibt, wo das nicht gelingt.

Das Buch der Psalmen ist nicht aus einem Guss, oder besser gesagt: Es ist als Liedersammlung immer wieder überarbeitet worden, die Texte sind angeordnet und wieder umgestellt worden, und dabei hat sich ein Ganzes ergeben, das noch die Vielstimmigkeit in sich trägt, der es entstammt, das aber in seiner Abfolge nicht willkürlich-zufällig ist, sondern das in einem großen Bogen angeordnet ist. Es ist zum Beispiel kein Zufall, dass das Buch der Psalmen mit einer Betrachtung darüber beginnt, wie das gute Leben auf dieser Erde überhaupt möglich ist. Danach folgen mehrere Liedersammlungen, knallvoll mit Leben mit seinen Höhen und Tiefen, bis zu Psalm 103, der ein großer Lobgesang an Gott ist und gleichzeitig die Endlichkeit und Begrenztheit des menschlichen Lebens vor Augen hat. Und erst im Psalm 104, auch dieser ein Loblied an die schöpferische Kraft Gottes, wird dann zum ersten Mal ein Halleluja gesungen, und das Halleluja zieht sich durch das letzte Drittel des Buchs der Psalmen durch bis zum finalen Lobgesang am Schluss in Psalm 150.

Wer die Psalmen so angeordnet hat, wo und von wem sie verfasst wurden, in welche Situationen sie ursprünglich hineingebetet wurden, darüber gibt es viel Forschung und wenig sichere Erkenntnis, denn die biblischen Psalmen lassen sich zwar einzelnen Sammlungen zuordnen und entsprechend verorten, entziehen sich aber letztlich der Systematisierung, so wie sich das Leben auch der Systematisierung entzieht. Und neben dieser Forschung gibt es das aneignende Beten zweier Religionen, das die Texte immer wieder aktualisiert.

Fremdheitserfahrungen

Die christlichen Traditionen kennen verschiedene Weisen des Betens mit Psalmen. Besonders bekannt ist, dass in vielen Orden der ganze Tag vom Psalmgebet begleitet ist, vom Frühgebet über den Mittag bis zum Abend- und Nachtgebet. In kontemplativen Gemeinschaften werden alle 150 Psalmen im Lauf einer Woche gebetet. In anderen Ordnungen wiederholen sich die 150 Psalmen im Laufe von vier Wochen. Im liturgischen Minimal-Setting, das aber auch nur noch eine kleine Minderheit von Katholik*innen mitfeiert, beschränkt sich der Kontakt mit den Psalmen auf den jeweiligen Psalm, der im Sonntagsgottesdienst zwischen der alttestamentlichen und der neutestamentlichen Lesung vorgesehen ist. Oft genug fällt dieser Psalm weg und wird durch ein anderes Lied ersetzt. Wenn der Psalm tatsächlich zu Gehör kommt, dann häufig gekürzt, vor allem um die Passagen, die von den Gegnern der Betenden handeln.

Auf diese Weise kann sich kaum Vertrautheit mit dem Buch der Psalmen einstellen, und wenn es doch einmal rezipiert wird, dann sind die Leser*innen allzu oft abgeschreckt durch die gewalttätige Sprache in vielen Psalmen: So oft ist von Feinden die Rede, von Gegnern, von Gewaltphantasien diesen Gegnern gegenüber, und fast genauso oft wird eigenes Leid in eine Sprache gebracht, die uns fremd erscheint: Von Durst ist häufig die Rede, vom Zerfallen der Knochen, vom Kleben der Zunge am Gaumen … Psalmen sind in diesem Sinne eine Fremdsprache, und man lernt sie nicht durch Streichungen und Auslassungen. Wie fremd die Sprache ist, fällt gerade bei den Körperbildern auf, die die ursprünglichste Form des In-der-Welt-Seins, nämlich das Körper-Sein der Betenden ins Wort bringt. Die Bilder und Metaphern entstammen einer vergangenen Zeit in einer anderen Klimazone, anderen kulturellen Überformungen des Körper-Seins, und dann auch noch schlicht einer anderen Sprache, die wie jede Sprache ihre eigenen Wortfamilien, Anklänge, intuitiven Verbindungen hat und der meist etwas verloren geht, wenn man sie in eine andere Sprache und Zeit überträgt. Es ist eine raue Sprache, die die Bearbeitenden für den liturgischen Gebrauch heute so oft zu Streichungen veranlasst: Wir sprechen nicht so gern von Feinden, Gegnern, Widersachern, Gottlosen, Frevlern. Aber wir kennen Widerstände, politische Gegner, Mobbing, Hate-Speech, Antifeministen, Gender-Gegner … und vielleicht wäre es manchmal gar nicht so schlecht, auch diese Verstrickungen, die Unversöhnlichkeit und das Nichtverstehen ins Gebet zu bringen. Psalmen kennen hier keine falsche Scham und keine Tabus.

Aber Vertrautheit mit dem Psalmgebet stellt sich für viele Betende heute nur allmählich ein. Ein Grund dafür mag auch die männlichkeitszentrierte Übertragung in den heutigen Übersetzungen sein: Die Einheitsübersetzung der Bibel, die auch für den liturgischen Gebrauch im katholischen Gottesdienst vorgeschrieben ist, fügt den Psalmen zusätzliche Überschriften hinzu. Und diese Überschriften, die sich im hebräischen Text nicht finden, sind, wo sie nicht unpersonal gehalten sind wie etwa bei „Morgengebet um Beistand“ (Ps 5), ausnahmslos aus einer männlichen Perspektive formuliert: Gebet eines Verlassenen in der Wüste, Hilferuf eines Leidenden, Bittgebet eines unschuldig Verfolgten, Bitte eines Armen, und so weiter, und so fort.

Mir selbst schien es lange überhaupt nicht im Bereich des Möglichen zu liegen, dass das „Ich“ in den Psalmen beim Beten mein eigenes „Ich“ sein oder werden könnte. Das „Ich“ der Psalmen war immer irgendein anderer, und auf jeden Fall auch ein männliches Ich. Gebet eines Verlassenen in der Wüste, Hilferuf eines Leidenden – das war nicht ich. Egal wie oft ich einen Psalm mitgebetet habe: Dass ich selbst mein eigenes Ich mit dem „Ich“ verbinden könnte, das da in dem Psalm spricht, das ist mir erst nach eingehender Beschäftigung mit der Möglichkeit oder Unmöglichkeit von weiblicher Gebetssprache in der katholischen Liturgie aufgefallen.

Dass man mit Psalmen anders, persönlicher, inniger, eigener beten könnte als in der distanzierten Betrachtung dieses „Ich“, das ich niemals war, ist mir so erst allmählich aufgegangen. Damit wurde mir dann aber auch erstmals wirklich in aller Schärfe bewusst, wie selbstverständlich ich das Nicht-Gemeint-Sein in der Gebetssprache genommen hatte. Mädchen lernen sehr früh, dass es einen zusätzlichen Schritt braucht, um sich selbst in einer männlichen Spielfigur, einer männlichen Spielanleitungs-Sprache und so weiter als gemeint zu verstehen. Diesen Schritt brauchen Frauen auch in der Liturgie: Wer sich nicht männlich verortet, muss immer einen Umweg gehen, um sich aktiv in ein Gebet hineinzulesen, das nur Männer als Sprechende kennt. Wer die Psalmen geschrieben hat, liegt im Dunkel. Es gibt wenig Grund, anzunehmen, dass eine nennenswerte Anzahl davon auf Autorinnen zurückgeht. Aber wer die Psalmen heute betet, das lässt sich sichtbar machen. Und wer – bewusst oder unbewusst – die Macht der Sprache nutzt, um einen männlichen Blickwinkel durchzusetzen, das lässt sich auch zeigen.

Nicht nur nicht-mitgedacht zu sein, sondern aktiv aus der Sprache der Psalmen hinausgeschrieben und damit sprachlich von einer Gebetsfülle ausgeschlossen zu sein, die allen selbstverständlich zur Verfügung stehen sollte, ist bitter und lässt sich auch nicht durch ein Irgendwie-doch-mitgemeint-Sein versüßen. Und bitter ist auch die Beiläufigkeit und Selbstverständlichkeit, mit der das geschieht, weil diejenigen, die über den Endtext der Einheitsübersetzung befinden, anscheinend weder ein Problembewusstsein noch eine Sensibilität dafür hatten, dass sie den vorausgesetzten männlichen Standort nicht hinterfragen müssen. Denn der redigierende, ordnende Eingriff der Übersetzer*innen, die in der deutschen Übersetzung die Überschriften hinzugefügt haben, zementiert deren unhinterfragt männlichen Standpunkt und verengt die Gebete auf die männliche Perspektive. Was die Überschriften mit ihren männlichen Betern bewirken, nennt sich in den Sozialwissenschaften „Framing“: Etwas in einen bestimmten Rahmen stellen, der dann prägt, wie man das in diesem Rahmen Dargestellte versteht, und der das unsichtbar macht, was sich außerhalb dieses Rahmens abspielt. Psalm 55 etwa hat in der Einheitsübersetzung die Überschrift „Klage und Vertrauen eines Alleingelassenen“ erhalten. Wie anders klingt der Psalm, wenn man ihm die Überschrift „Klage einer Frau. Zu sprechen gegen das Schweigen“[15] gibt und ihn so lesen kann als Klage über erlittene sexuelle Gewalt, als Suche nach einem sicheren Ort, als Selbstbehauptung, die der vernichtenden Gewalt widersteht.

Wenn es aber so einfach ist, Frauen vom Beten der Psalmen tendenziell auszuschließen, indem man in allen Überschriften, in allen kommentierenden Passagen ausschließlich ein männlich verortetes Ich zum Sprechen bringt, dann ist es genauso einfach, Frauen zu ermöglichen, Subjekte dieses Betens zu werden: Die Gebete als weiblich gesprochene Sprache zu hören reicht aus. Die Psalmen sind dafür deutungsoffen genug, die hebräische Form der ersten Person Singular ist zudem auch genderneutral, was es umso einfacher macht, dass sich sowohl Männer als auch Frauen in einen Psalm hineinlesen können. „Female voices“ nennt Ulrike Bail das, und das Konzept ist so schlicht wie wirkungsvoll: Statt einzelne Textfragmente Autorinnen zuzuschreiben, wird hörbar gemacht, wie anders sich ein Psalm liest und beten lässt, je nachdem, ob er männlich oder weiblich aktualisiert wird. Statt Eindeutigkeit herzustellen, wird die Offenheit des Psalms genutzt, um die Stimmen derer hörbar zu machen, die nicht ohnehin Gewicht und Stimme haben.[16]

Es wäre aber insgesamt zu kurz gegriffen, die empfundene Fremdheit dem „Ich“ der Psalmen gegenüber allein am Geschlecht festzumachen. Das Framing der hinzugefügten Überschriften verstärkt die Fremdheit, aber es gehört zum vollständigen Bild, dass auch Männer, die mit den Psalmen vertraut sind, mit dieser

Fremdheit konfrontiert sind, je nach Psalm, nach Person, nach biographischer Passung mal mehr, mal weniger. Insofern war mein Moment der Erkenntnis, dass ich selbst mich in das „Ich" der Psalmen hineinlesen und hineinbeten könnte, individuell sehr erhellend. Gleichzeitig war mein Verdacht, dass ich das wegen der männlichen Ich-Perspektive in den Psalmen bis dahin nie auch nur als Möglichkeit erkannt hatte, durchaus unvollständig. Erhellend, aber unvollständig: Erhellend, weil mir daran klar geworden ist, wie viel Gebetssprache Frauen selbstverständlich ausschließt, und unvollständig, weil die Fremdheitserfahrung den Psalmen gegenüber nicht allein dieser männlichen Gebetssprache geschuldet ist. Ich vermute zwar, und ich glaube, zu Recht, dass die Fremdheit für viele Frauen noch größer ist als für Männer. Aber Fremdheitserfahrungen gehören zu vielen Begegnungen mit der Bibel, umso mehr, als es Erfahrungen mit einem Stoff sind, der in einer anderen Zeit, vor dem Hintergrund einer deutlich anderen Welterfahrung, mit anderen Erwartungen an eine Gotteserfahrung, kurz, in fremden Mustern gewebt worden ist. Das Material mag ähnlich sein wie unseres, die Kluft von zweieinhalbtausend Jahren ist trotzdem erst einmal zu überbrücken, und es ist andererseits erstaunlich und spricht für die Qualität des verwebten Lebens- und Gottesstoffes, dass es über diesen Abstand hinaus immer noch möglich ist, mit Psalmen zu beten.

Beten aus der Perspektive der Machtlosen

Wenn Psalmen etwas zum Klingen bringen bei denen, die mit ihnen beten, dann weil sich das eigene Erleben mit den Worten des Psalms verbinden kann, weil Resonanz entsteht. Dann öffnen die Psalmen einen gottvollen Raum, aus dem nichts ausgespart werden muss, was menschliches Leben auf dieser Erde ausmacht, auch die Rachephantasie nicht, die man nicht einmal der besten Freundin erzählen würde, auch die Hoffnungslosigkeit nicht, mit der man sich niemandem zu zeigen wagt, auch die Genugtuung angesichts des Unglücks der eigenen Gegner nicht, die gesellschaftlich geächtet ist.

In der gekürzten Form, die nur die gesellschaftlich akzeptierten Gottesbilder und Gefühle ins Wort bringt, und die oft genug auf reinen Lobpreis verengt wird, können die Psalmen aber kaum zum Gebetbuch für das Leben werden. Wenn die gewalttätigen Passagen gestrichen werden, wird oft auch eine Ohnmachtsperspektive verstellt. Denn die Gewalt, die die Psalmen ins Wort bringen, wird eben nicht aus einer Perspektive des Triumphs geschildert, sondern aus einer Perspektive der Unterlegenen und Unterdrückten. Diese Perspektive ist wichtig, will man Gott nicht in die Rolle eines Komplizen der Gewaltherrscher drängen. Wenn die sprachliche Gewalt der Psalmen aber herausgestrichen wird, dann ändert sich auch die Rolle Gottes, vor allem in den unstrittigen, lobenden Passagen. Denn Gott, die*der da gelobt wird, fehlt damit die Dimension, auf der Seite der Armen und Unterdrückten zu stehen. Das Lob wird schal, wenn der Eindruck entsteht, dass das Gelobtwerden Gottes vorrangiges Interesse ist, und dass das Loben die einzige Option des Menschen Gott gegenüber ist. Umgekehrt werden Psalmen umso fruchtbarer, je mehr man sie auch als Herrschaftskritik liest, je mehr man also die Stimmen derer, die da zu Wort kommen, gerade nicht als die Stimmen derer hört, die sonst auch immer selbstverständlich zu Wort kommen und Gehör finden.

Sprachräume und Gottesbilder

Gerade in den Psalmen ist Gott so viel mehr als HERR. Die Psalmen kennen den unaussprechlichen Gottesnamen und oft auch schlicht das Wort „Gott“, aber sie sind auch ausgesprochen religionskreativ: Ihre Sprache und ihre Gottesanreden sind bunt, vielfältig und vielstimmig. Sie kennen die schon genannten Bilder von Gott als Gebärender[17] und als Hebamme[18] wie auch das Bild von der Vogelmutter, die ihre Jungen unter ihren Flügeln birgt[19] oder Ankläge an die Erdgöttin, die das Leben in und aus der Tiefe hervorbringt[20]. In den Psalmen changieren aber auch Gottesanreden von personalen zu transpersonalen Vorstellungen. Die Texte bewegen sich leichtfüßig und ohne Anspruch auf Allein- und Allgemeingültigkeit von einem angeredeten gestaltlichen „Du“ zu transpersonalen Bildern wie Fels und Zuflucht[21], Licht und Lebensquelle[22]. Sie finden in diesen transpersonalen Bildern ein Gegenüber wie auch einen Raum der Weite und der Geborgenheit, des Heiligen und Unverfügbaren, in dem die Betenden an der einen Wirklichkeit Gottes teilhaben.

Das betende Ich wird in den Psalmen häufig mit „Seele“ benannt, aber das ist in dieser Verwendung etwas anderes als einzig der Hinweis auf ein Individuum, wie man es im Deutschen hören könnte. Das hebräische „Nefesch“ meint mehr und anderes: Meistens mit Seele übersetzt, ist es doch eigentlich der körperliche Begriff der Kehle, übertragen der Lebensatem, der von Gott kommt[23] und alles Leben verbindet: Was den Menschen als einzelnen lebendig macht, ist das gleiche wie das, was alle Menschen untereinander, auch mit den Tieren und schließlich mit Gott verbindet. Es bezeichnet die Verletzlichkeit des Menschen genauso wie die Möglichkeit, mit anderen in Kontakt zu treten. Auch hier eröffnet das assoziative, körperbildliche Sprachspiel einen Verstehensraum, der dem rationalen Durchdenken verschlossen bleibt.

Psalmen ähneln in ihrer genauen Innenschau der Betenden, mit denen diese ihr eigenes körperliches und seelisches Befinden, ihren Weltbezug und ihre inneren und äußeren Kämpfe ins Wort bringen, einer geradezu modernen Form der radikal subjektiven Selbstbetrachtung. In ihrer psychosomatischen Beschreibung gerade der Leid- und Unheilserfahrungen greifen sie zu Körperbildern, die nur auf der Ebene des sprachlichen Ausdrucks fremd wirken: Vom Zerfallen oder Verbrennen der Knochen, die am Fleisch kleben, reden wir ebenso wenig wie vom Kleben der Zunge am Gaumen oder vom Verdorren des Herzens. Aber wir könnten davon beten, dass es uns die Sprache verschlägt und der kalte Schweiß ausbricht, dass der Kopf zerspringt vor Schmerzen, dass wir vor Angst gelähmt sind oder dass uns ein Streit schwer im Magen liegt. Ebenso könnten auch für heutige Beter*innen die Psalmen zu sicheren Orten werden, die Zuflucht imaginieren und zugleich eine Solidarität in der Leiderfahrung über Jahrhunderte hinweg ausdrücken, denn „in Situationen tiefer Ohnmacht ist es wichtig, Worte zu kennen, die man sich leihen kann. [...] So wird der Text-Raum des Psalms zum geborgten und geborgenen Ort."[24]

Aber wie mit Psalmen beten?

Das Psalmgebet ist von seinen Potentialen und seiner Anlage her ein Gemeinschaftsgebet. Schon die Notizen zu vielen Psalmen in der biblischen Sammlung benennen öffentliche Aufführungen, adressieren Chöre und Chorleiter und verweisen auf passende Melodien. Gleichzeitig sind die Psalmen oft radikal subjektiv. Gerade in den anklagenden Passagen nehmen sie das eigene Leiden ernst, sind nicht an Ausgleich oder Verständigung interessiert, sondern bringen schonungslos die eigenen Unrechtserfahrungen vor Gott und geben sich mit nichts weniger zufrieden als damit, von Gott ins Recht gesetzt zu werden. Gott wird als ebenso radikal auf der Seite der Betenden verortet wie sie ihr eigenes Subjektsein verteidigen. Und wo Gott erlebt wird als Instanz, die eben nicht auf der eigenen Seite steht, da wird dies zumindest noch eingeklagt: In der ungezähmten Anklage Gottes zeigt sich, welchen Anspruch an Gott der betende Mensch hat und um seiner selbst wie auch um Gottes willen nicht aufgeben will.

Im Psalmgebet treffen rückhaltlose Subjektivität und Gemeinschaftsgebet aufeinander. Das Sprechen oder Singen im Chor bettet die subjektiven Formulierungen so ein, dass sich niemand damit entblößt. Jede*r kann, niemand muss die eigene persönliche Erfahrung betend in den Psalm hineinlegen, und gleichzeitig sind die Formulierungen so konkret, dass man dabei nicht noch innere Übersetzungsarbeit leisten muss. Die eigene Perspektive kann so Eingang finden in das Zusammenklingen der Gruppe, gerade die nicht abgewogenen, ausgleichenden, sondern direkten und einseitigen Perspektiven dürfen hier ins Wort kommen und werden gleichzeitig in das gemeinsame Beten integriert. Auch ermöglichen Psalmen durch ihre gebundene Form, stellvertretend für andere Menschen zu beten und deren Subjektivität vor Gott zu bringen. „Zu beten für ...“ heißt dann soviel wie „Beten stellvertretend für ...“ und meint, das „Ich“ des Psalms mit diesen Menschen in Beziehung zu bringen, mit diesem „Ich“ also nicht sich selbst, sondern die Menschen, für die man betet, vor Gott zu bringen. Das Solidaritätspotential der Psalmen ist ausgesprochen groß.

Die erste Antwort auf die Frage „Wie mit Psalmen beten?“ kann also sein: Mit Psalmen beten geht gut in Gemeinschaft. Die Struktur der abwechselnden Verse macht so den Dialog hörbar, den Menschen mit sich selbst, untereinander, vor und mit Gott führen.

Die nächsten Antworten sind dann ein Strauß von Möglichkeiten: Es lohnt sich, zunächst einmal jeweils den kompletten Psalmtext anzusehen, wie er im biblischen Buch steht, nicht nur gekürzte Fassungen. Verschiedene Übersetzungen zu Rate zu ziehen, kann unverständliche Passagen erhellen. Und dann tut es gut, frei mit den grammatikalischen Geschlechtern umzugehen und die Identität der Betenden darin zum Ausdruck zu bringen. Man kann sich jeweils die

Grundstimmung oder -aussage eines Psalms oder der einzelnen Verse anschauen und diese Inhalte in heutige Worte übertragen. Ich kennzeichne dieses Vorgehen jeweils mit der Überschrift „Psalmgebet nach Ps …“ Man kann Psalmen mit aktuellen Überschriften ausstatten und so in einen neuen Kontext setzen, den sie so ins Gebet nehmen und der seinerseits die Psalmworte neu zum Klingen bringt. Beispiele eines solchen neuen Framings sind etwa, Psalm 20 in einer Pandemie oder Psalm 23 für die Betroffenen von sexualisierter Gewalt zu beten. Und man kann schließlich das Sprachmuster der Psalmen übernehmen und neue Psalmen schreiben, in der beschriebenen Balance zwischen Subjektivität und Gemeinschaftsfähigkeit der dialogisch angelegten Versform.

Die hier folgenden Psalmgebete sind gedacht als Inspiration, als Mutmach-Texte, um sich Psalmen für heute anzueignen, als Wegweiser, als Beispiele, wie Psalmen heute helfen können, eine Gebetssprache für das ganze Spektrum menschlicher Erfahrung zu entwickeln. Vor allem möchten sie ermutigen, aus dem Fundus des biblischen Buchs der Psalmen für heute zu schöpfen, die sprachliche Fremdheit zu überwinden oder zumindest zu überbrücken, und auszuprobieren, wie so ein als Wechselgebet angelegtes Gebet sich heute im Gottesdienst beten lässt.

Psalmgebet nach Ps 4

Psalmgebet beim „Gebet am Donnerstag"[25] für eine geschlechtergerechte Kirche.

Wenn ich rufe, antworte mir, Gott!
Wirst du für Gerechtigkeit sorgen?
    In der Sackgasse zeigst du einen Weg ins Freie.
    Wende dich mir zu, höre mein Beten!
Ihr mächtigen Herren, wie lange noch tretet ihr meine Würde mit Füßen?
Der schöne Schein, den ihr so liebt, ist hohl und bedeutet nichts.
    Werdet unruhig und rechnet damit,
    dass ans Licht kommen wird, was ihr verbergen wollt.
Hört erst einmal zu, bevor ihr zu schnelle Antworten gebt!
Sorgt für Gerechtigkeit und missbraucht Gott nicht für eure Zwecke!
    Immer noch fragen viele: Wer gibt uns Hoffnung?
    Dein Licht soll für uns aufgehen, Gott!
Du hast mich froh gemacht – mehr als früher,
als die Nächte kurz und wir sorglos waren.
    In Frieden kann ich mich hinlegen, beruhigt und getröstet,
    denn du, Gott, du hältst mich für immer.

Psalmgebet nach Ps 20

Krisenpsalm. Zu beten für die schwer Erkrankten.

Sie antworte euch,
Gott die Lebendige.
    Antworte,
    auch wenn ihr nicht mehr darum bitten könnt.
Sie trage euch,
mit Hilfe und Zuversicht. Worum ihr kämpft,
    gebe sie euch, Gott die Lebendige. Dass ihr bleibt,
    sicher und behütet. Und wir, wir sind
bei euch, wir lassen euch nicht.
Mit euch und für euch
    halten wir uns daran fest,
    dass sie euer Leben bewahrt
Gott die Heilige
in Zeit und Ewigkeit. – Amen.

Psalmgebet nach Ps 23

Zu beten für die Opfer von sexualisierter und spiritueller Gewalt.

Ich möchte beten können, du Gott-an-meiner-Seite,
sagen können, dass du für mich sorgst.
    Ich möchte singen können: Mir fehlt es an nichts.
    Die Ewige hält mich sicher und geborgen.

Sie heilt meinen verwundeten Körper
und findet einen Schutzraum für meine
geschundene Seele.
Ich möchte beten können, du Gott-an-meiner-
Seite,
dass ich nichts fürchte, dass du mich beschützt,
dass ich nicht ins Bodenlose fallen kann,
weil du bei mir bist und die Schatten der Todes-
angst vertreibst.
Wenn du mich mit Glück überschütten wür-
dest, du Gott-an-meiner-Seite,
und die, die mich verletzt und verachtet haben,
wären ausgeschlossen.
Ich möchte glauben können, du Gott-an-meiner-
Seite,
dass ich bei dir ankommen werde,
geborgen und frei, ganz ich und ganz bei dir,
für die Tage ohne Ende.

Psalmgebet nach Ps 27

Gott, du machst mein Leben hell und frei – vor wem sollte ich mich fürchten? Gott, du bist meine Lebenskraft – ich möchte keine Angst mehr haben müssen.

Ich wünsche mir so sehnlich, deine Nähe zu spüren an jedem Tag, den ich lebe, und deine Schönheit zu erkennen in allem, was ist.

Höre mich doch, Gott! Lass mich merken, dass du mich siehst!

Ich habe gehört von dir, Gott, gehört, dass du sagtest: Sucht nach mir! Ich suche dich, Gott, ich suche dich so sehr. Verlass mich nicht!

Zeige mir, Gott, was gut ist im Leben, und hilf mir, mich zu entscheiden für das, was gut und richtig ist.

Ich will mich festhalten an der Hoffnung, dass ich dich sehen werde, dass du mich sehen wirst, dass ich bei dir leben werde in Ewigkeit.

Das folgende Psalmgebet ist der Text von „Gotteswort, weiblich", der bislang den meisten Widerspruch geerntet hat. Er ist ein Versuch. Das biblische Buch der Psalmen bringt auch das Grauen der menschlichen Gewalt ins Gebet, auch die eigene Schuld. Ich glaube, es braucht die Benennung auch schwerer Schuld im liturgischen Raum, damit diese Schuld nicht vergessen oder übergangen werden kann. Das Verbrechen der sexualisierten und sexuellen Gewalt und ihrer Vertuschung muss auch im liturgischen Raum benennbar werden. Solange dieser Raum als ein reiner Raum aufgefasst wird, in dem diese Verbrechen nicht benannt werden müssen oder der sich scharf abgrenzen kann von den Tätern, solange bleibt der Boden bereitet für weitere Verbrechen. Denn mit Abspaltung geht die Gefahr der Verdrängung einher, und Verdrängung verursacht blinde Flecke. Trotz dieser guten Argumente bin ich mir bewusst, dass das Psalmgebet eine Zumutung ist. Es versucht, ins Wort und ins Gebet zu bringen, welche Zumutung die Gewalt darstellt: für die Betroffenen zuallererst und am schlimmsten, dann aber auch für die Gemeinschaft, die mit diesem Bruch in ihrer Mitte zurechtkommen muss, mit dem zerstörten Vertrauen, mit den Abgründen in den Menschen, die man zu kennen glaubte, mit dem Wissen um die unheilbaren Wunden, mit denen die direkt Betroffenen leben müssen. Kann man, darf man angesichts dieser Wunden für Täter beten? Darf man überhaupt für Täter beten? Oder sollen sie beschwiegen und vergessen werden? Das sind offene Fragen, und beschweigen ist nicht das gleiche wie verschweigen. Ich rate darum dazu, dieses Psalmgebet nicht unvorbereitet zu beten, sondern wenn es verwendet wird, dann im Kontext eines wirklichen Gesprächs mit der Gemeinde darüber, ob das geht. Wie diese Gemeinde von Gott denkt angesichts der Verbrechen der sexualisierten Gewalt, und ob sie die Täter vor Gott bringen will und kann. Vielleicht taugt das folgende Psalmgebet dazu, vielleicht nicht.

Psalmgebet nach Ps 32

Zu beten für die Täter sexualisierter Gewalt.

Glücklich sind nur die, deren Schuld aufgehoben werden kann,
deren Sünde begraben wird in Frieden.
    Glücklich sind nur die, deren Verfehlungen die Ewige nicht anrechnet
    und die keine Ausflüchte mehr suchen.
Solange ich es verschweige,
zerfallen meine Knochen von meinem Jammern alle Tage.
    Denn Tag und Nacht lastet schwer auf mir deine Hand,

dein Wissen um mich lässt mein Inneres
abspalten und verdorren.
Ich muss meine Schuld offenlegen, meine Sünde
nicht länger vertuschen.
Wenn ich sage: „Ich bekenne der Ewigen meine
Übertretungen!"
Trägst dann du, du selbst die Last meiner Sünde?
Alle, die noch einen Funken Aufrichtigkeit
haben, sollen zu dir beten, solange noch Zeit
zum Finden ist.
Dann spülen die Wellen sie vielleicht nicht fort.
Darf ich mich und meine Schuld bei dir verbergen?
Bewahrst du mich, darf ich entrinnen?
„Ich will dich einsehen lassen, dir den Weg
zeigen, den du nun gehen sollst.
Ich will dir raten, ein Auge auf dich haben.
Sei nicht mehr wie ein dumpfes Wesen ohne
Einsicht,
das sich ohne Zwang und Druck nicht bewegt."
Leiden auch die Täter?
Nur wer sich anvertraut, den umgibt die Ewige
mit Freundlichkeit.
Wer darf sich freuen? Wer wird jubeln?
Wessen Herz wird sich als aufrichtig erweisen?
Du Ewige!

Psalmgebet nach Ps 55

Krisenpsalm. Zu beten für die Frauen, die von häuslicher Gewalt betroffen sind.

Höre mich, Gott, höre mich doch! –
Wo bin ich noch sicher? Ich ducke mich in die Ecke, ich erstarre vor dem nächsten Schlag, ich bin taub vor Angst.
Ich möchte weglaufen und weiß nicht wohin, ich möchte schreien und habe Angst, dass es jemand hört.
Wenn ich mich auflöse in Schmerz und Scham, bist du noch da?
Weißt du noch, wer ich bin, wer ich war?
Ich schleiche auf Zehenspitzen und bin doch nicht leise genug, ich krümme mich zusammen und bin doch nicht geschützt.
Hilf mir doch, hilf mir heraus. Und richte, richte mich auf, Gott. Höre mich!

Psalmgebet nach Ps 86

Ein Gebet.

Du Ewige, neige dein Ohr zu mir,
und mach dich spürbar für mich!
Klein und unterlegen fühle ich mich,
und ich wäre so gern frei bei dir.
Du, voller Freundlichkeit für uns,
du hältst unsere Welt behutsam im Dasein,
mit ihren Schrecken und ihrer Zerbrechlichkeit.

Ich werde dich finden, in allem, was geschieht,
werde einen Widerschein von dir flüchtig sehen,
werde ahnen, dass du bei uns bleibst,
undurchdringlich und entzogen,
wenn du unser Leben birgst in deiner Gegenwart.
Du, die du bleibst und uns entgegenkommst,
in mir atmest und mich umfängst in Ewigkeit.
Amen.

Psalm 103

Eine Übertragung aus dem Althebräischen.

Segne die Ewige, meine Seele, und alles, was in mir ist, segne ihren heiligen Namen!
Segne die Ewige, meine Seele, und vergiss nicht, was sie für dich alles gutgemacht hat:
Die vergibt all deine Ungerechtigkeiten –
die heilt all deine Krankheiten –
die dich zurückholt aus dem Grab –
die dich krönt mit verlässlicher Liebe und Erbarmen –
die dir zurückgibt im Alter die Leichtigkeit deiner Jugend ...

Die Ewige schafft Gerechtigkeit und setzt alle ins Recht, die unterdrückt sind!
Sie machte ihre Wege Mose bekannt, ihre Taten den Kindern Israels.

Die Ewige ist voller mütterlichem Erbarmen und Gnade, langsam im Zorn und reich an verlässlicher Liebe.
Sie wird nicht für immer anklagen, nicht in Ewigkeit grollen.

Sie hat uns für unsere Sünden nicht bestraft, sie hat uns unsere Übertretungen nicht heimgezahlt –
Denn so weit die Himmel sind über der Erde, so groß ist ihre verlässliche Liebe für die, die Ehrfurcht vor ihr haben.
So weit der Horizont reicht, so weit entfernt sie von uns unsere Sünden.
Wie Eltern ihre Kinder bedingungslos annehmen, so erbarmt sich die Ewige über die, die Ehrfurcht vor ihr haben.

Denn sie weiß, was wir sind, sie bewahrt das Wissen, dass wir Staub sind:
Die Tage des Menschen sind wie Gras, wie eine Blume auf dem Feld blüht er;
wenn der Wind darüberfährt, vergeht sie,
und der Ort, wo sie stand, weiß von ihr nichts mehr.

Die verlässliche Liebe der Ewigen bleibt von Ewigkeit zu Ewigkeit über denen, die Ehrfurcht vor ihr haben,
und ihre Gerechtigkeit über den Kindern der Kinder,
die ihren Bund bewahren und sich erinnern an ihre Gebote, um nach ihnen zu handeln.

Die Ewige hat in den Himmeln ihren Thron
errichtet, und ihre Königsherrschaft reicht über
alles.
Segnet die Ewige, all ihre Engel, mächtig in Kraft,
die ihr hört auf die Stimme ihres Wortes und
danach handelt!
Segnet die Ewige, all ihre Heerscharen, die ihr nach
ihrem Gefallen handelt!
Segnet die Ewige, all ihre Werke all-überall!
Segne die Ewige, meine Seele!

Krisenpsalm

Zur Unwetterkatastrophe im Rheinland und in der Eifel im Sommer 2021.

Nie hätten wir gedacht, o Gott,
nie hätten wir gedacht, dass es uns hier so treffen
könnte.
    Das Wasser, der Schlamm, das Geröll,
    Wasser und immer mehr Wasser, o Gott.
Zerstörend und tödlich hat es mitgerissen,
überschwemmt, vernichtet,
    Schutt und Verwüstung hinterlassen
    und uns, die Menschen, so hilflos und verloren,
Das Wasser hat uns die Angst gebracht, o Gott.
Es hat Sicherheit und Zutrauen weggespült.
    Wir sehen und begreifen nicht
    und ohne zu begreifen stammeln wir zu dir,
    o Gott.
Um Hilfe und Zuversicht,

um Trost und Mut und deine heilige Geistes-
gegenwart,
    dass du bei uns bleibst
    und wir uns doch noch bei dir bergen können.
Amen.

Psalm

Für Beterinnen, die an ihrer Kirche leiden.

Meine Hirtin, ich sehne mich nach deiner Stimme,
nach dem Klang deiner Worte, zärtlich und
zugewandt,
eine Erinnerung von weither.

Meine Hirtin, von dir wollte ich hören,
dir antworten,
und ich vermisse den Klang deiner Stimme so sehr,
wenn von dir nichts mehr bleibt
als eine schmerzliche Erinnerung, wie es hätte sein
können;
wenn ich in dieser deiner Gemeinschaft
dich nicht mehr finde,
dich suche und vor verschlossenen Türen stehe,
die Sehnsucht vergessen will und nicht vergessen
kann;
wenn Bitterkeit sich in meine Traurigkeit mischt,
weil die Worte, die einmal deine waren, nur noch
ein leeres Echo sind,
fremde Machtworte ohne Wärme,
Brot, das nicht satt macht,
Musik ohne Tanz.

Meine Hirtin, ich möchte dir mein Gelingen zeigen
und mein Scheitern bei dir bergen.
Wenn du mir die Hand in den Rücken legtest:
Meine Furcht würde sich zähmen lassen,
denn du kennst meine unruhigen Träume
und bleibst meinen Ängsten nah.

Meine Hirtin, du wirst unsere verletzliche Erde in
deiner Hand halten,
unsere Verzagtheit in Mut verwandeln.
Würdest du doch auch allen in den Arm fallen,
die Geld und immer mehr Geld, Gewinn und
Wachstum über deine Schöpfung stellen.
Würdest du das Nachglühen der Brennstäbe
löschen,
die Wunden unserer Erde heilen,
die Waffen unbrauchbar machen,
unsere Grenzanlagen niederreißen und Gräben
zuschütten
und uns eine neue Sprache geben,
sodass wir überhaupt wieder Worte füreinander
finden,
offen und frei einander zugewandt.

Du meine Hirtin, du wachst über mir.
Bei dir werde ich ankommen,
du wirst mir öffnen,
mich in die Arme schließen.
Dann wirst du mich umfangen
und ich werde deine Stimme hören,
wenn du mich beim Namen nennst,
und ich werde aufatmen.

Fürbittgebet

Ganz offensichtlich ist das Fürbittgebet wichtig. Unsere Welt ist nicht so, dass es nichts zu bebeten gäbe. Eigenes und fremdes, nahes und fernes Leid drängt sich uns auf, und es vor Gott zu bringen, ist eines der häufigsten Motive für das Gebet überhaupt. Leid macht das Gebet fraglich und notwendig zugleich. Fraglich, weil es uns im Angesicht des Leids schier die Sprache zu verschlagen vermag, und weil das Leiden die Frage nach Gottes Gottsein überhaupt stellt. Und notwendig, weil es oft genug die einzige Handlung ist, wo Menschen ansonsten tatenlos zusehen müssen, dass Krankheiten oder Naturkatastrophen unser fragiles Leben von einem Moment auf den anderen auf links drehen können. Beten ist eine Form des Man-selbst-Bleibens im Angesicht der Kontingenzerfahrung, die unsere Identität fundamental in Frage stellt. Und: Beten kennt noch eine zu adressierende Instanz in der Einsamkeit, die Leiderfahrungen mit sich bringt, weil sie spüren lässt, dass wir vor dem Tod letztlich alle alleine sind.

Fürbittgebet ist aber nicht nur im akuten Leid eine Option, sondern gehört zum Grundgerüst des christlichen Gottesdienstes: Die Welt vor Gott zu bringen ist ein fundamentaler Akt der Solidarität und kennzeichnend für die Weise, wie wir christlich Gott glauben und ansprechen: Denn die rettende Liebe Gottes erstreckt sich über alles Leben, und deswegen ist die Gottesbeziehung der Christ*innen keine Privatangelegenheit, sondern schließt das Gebet für die Mitwelt mit ein.

Ein paar nähere Gedanken zum Fürbittgebet aber lassen zunächst mehr Fragen als Antworten aufkommen: Welchen Sinn hat das Fürbittgebet, wenn ich nicht annehme, dass Gott übernatürlich in die Welt eingreift? Würde ich mit Bitte um ein Wunder beten, wäre dann das Gebet gescheitert, wenn das Wunder nicht eintrifft? Und wie kann man ausweglose Situationen vor Gott bringen, wenn nicht mit der Bitte um einen Ausweg, wider alle Vernunft erhofft?

Viele Gebete bleiben an dieser Stelle vage: Wer nicht zu viel verlangt, kann auch nicht enttäuscht werden, und mangels Überprüfbarkeit gilt das auch für Bitten um ideelle Güter wie Hoffnung oder Trost für Dritte. Andere Formulierungen nehmen den „Lass-uns-Ausweg". Statt bei Gott wird die erwartete Reaktion bei der Gottesdienstgemeinde selbst angesiedelt. Dann bekommt das Gebet einen appellativen Charakter, aber nicht an Gott, sondern an die Gemeinde: „Lass uns für die Unterdrückten einstehen" etwa, oder in einer entstellenden Verzerrung dessen, was ein Gebet sein sollte: „Lass doch die anderen einsehen, dass …": Wenn wir nicht mehr an Gott appellieren, dann appellieren wir an uns, und zwar vorzugsweise an die anderen.

Beide genannten Optionen, nämlich der Glaube an ein wundersames Eingreifen Gottes einerseits oder das Gebet, das nicht mehr recht wagt, etwas von Gott zu erbitten, sondern eher an die Gemeinde appelliert, sind nicht attraktiv. Vor allem nicht, weil sie nicht zu einer Gottesbeziehung beitragen, die Leiderfahrung und Vernunft, Ohnmacht und das Schweigen Gottes zu integrieren vermag. Die oft automatisiert wirkende Antwort der Gemeinde auf die Fürbitten „Wir bitten dich erhöre uns“ macht es nicht besser.

Eine dritte Option ist das bewusste Gedenken in Solidarität, wenn die Betenden sich verbinden mit den Menschen, für die sie beten, wenn sie deren und ihre eigene Ohnmacht, Trauer, Angst und Hoffnung ins Wort bringen und genau dies in den Raum Gottes stellen. Diese Ohnmachtserfahrungen haben Raum in der Gottesbeziehung der einzelnen und der Gemeinde, sie sind bedeutsam, und jede Rede von Gott muss vor ihnen bestehen können, wenn sie relevant sein will.

Wagt auch diese Form des Fürbittgebets zu wenig, wenn sie ein merkliches und eindeutiges Eingreifen Gottes gar nicht mehr erbittet? Ich glaube eher, dass es die intellektuell redlichere Form des Fürbittgebets wäre, wenn man ansonsten auch kein magisches Weltbild pflegt. Und dieses Beten ist ja nicht machtlos: Es fordert Gottes Gottsein umso mehr ein, weil im Gebet selbst die Erfahrung des Schweigens Gottes mitschwingt. Es entlässt Gott nicht aus der Sorge um diese gefährdete Welt, die in eine große Freiheit gestellt ist, von der menschlichen bis zur evolutionären. Das Gebet wagt, alle Übel zu benennen und spart nicht das aus, was Gott offensichtlich ohnehin nicht ändern kann oder will.

Eine Zumutung mag es sein, das Gebet offen zu halten und auch diejenigen zu nennen, die eher auf der Täter- als auf der Opferseite von ungerechter Gewaltherrschaft und ähnlichem stehen. An dieser Stelle ist es umso wichtiger, nicht im Gebet schon eine Lösung vorzugeben. Lösungsvorschläge und Appelle haben ihren eigenen Platz, das Fürbittgebet bleibt dagegen einfach nur der Ort, die Not der Welt solidarisch vor Gott zu bringen. Dabei ist natürlich jeweils vom eigenen Standpunkt geprägt, was als Not der Welt begriffen wird. Umso wichtiger ist, meine ich, es bei diesem Vor-Gott-Bringen zu belassen und Gott keine Vorschläge zu unterbreiten, was diese Not am besten wenden könnte – je unübersichtlicher eine politische oder gesellschaftliche Situation ist, desto wichtiger. Es weitet den eigenen Blick, wenn komplexe Situationen auch im Fürbittgebet als komplex anerkannt werden und Gott nicht fraglos für die eigene Seite vereinnahmt wird. Das bedeutet nicht, dass ein solches Gebet unpolitisch sein sollte oder gar sein müsste, aber es sensibilisiert für die Versuchung, die eigene politische oder gesellschaftliche Forderung ins Zentrum zu stellen anstatt diejenigen, für die in den Fürbitten gebetet wird.

Dennoch: Solidarität allein nützt niemandem. Solidarisches Benennen allein ist zu wenig. Es braucht das Beharren darauf, dass Gott beteiligt ist am Leiden wie an der Hoffnung. Es braucht das Beharren darauf, dass es eine Hoffnung gibt für eine hoffnungslos scheinende Leiderfahrung, auch wenn diese Hoffnung leise und gebrochen daherkommt und nicht triumphierend das Leid übergeht. Es braucht das unbedingte Beharren darauf, dass diese Leiderfahrungen im Raum des Fürbittgebets in einen Horizont gestellt werden, der dem Leid nicht das letzte Wort lassen wird.

Ob solches Gebet wirkt, wäre die falsche Frage. Es erkennt die eigene Begrenztheit an und das Schweigen Gottes auch. Und es lässt sich nicht davon abbringen, weiter die Not der Welt ins Wort zu bringen. Alleine das Ins-Wort-Bringen und Gott dabei anzusprechen, bedeutet entscheidend mehr als bloße Solidarität, nämlich Solidarität vor Gott und mit Gott als Adressat*in.

Das Fürbittgebet ist in meiner Erfahrung oft der dichteste Momente in einer Wort-Gottes-Feier. Es macht auch am besten plausibel, warum eine gottesdienstfeiernde Gemeinde eine andere Gebetsqualität ermöglicht als das persönliche Gebet. Die gemeinsame Erfahrung, miteinander Ohnmachtssituationen vor Gott zu bringen, hat eine eigene gotteserschließende Kraft. Auf diese Kraft darf vertrauen, wer Fürbitten formuliert, und gerade darum möchte ich zu persönlich gefärbten Bitten ermutigen: Im Fürbittgebet ist der beste Platz für eine eher beim Pol „Individualität“ als beim Pol „Allgemeinheitsfähigkeit“ angesiedelte Gebetssprache – denn letztlich ist eine Bitte nur eine Bitte, wenn sie persönlich ist.

Ich plädiere außerdem dafür, die Fürbitten, wenn irgend möglich, nicht nur an den jeweils drängenden Situationen auszurichten, sondern sie ins Gespräch mit den gehörten Schrifttexten zu bringen. Das kann natürlich jeweils keine lange Auslegung sein, aber es kann helfen, den Gottesdienst als ein ab- und anschwellendes Gesamtgebet zu feiern. Die aktuellen Bitten im Licht der Bibeltexte zu formulieren und umgekehrt die Bibeltexte mit der aktuellen Not zu konfrontieren, ist beides lohnend, weil es im praktischen Gebet der Gemeinde auch das Glaubensverständnis der Einzelnen vertiefen helfen kann. Die Fürbitte steht eben nicht unverbunden zum Rest des Gottesdienstes, sondern sie erwächst auch aus den gehörten Schrifttexten, und die Schrifttexte können sich im

Gegenzug auch an dieser Stelle als immer noch relevant erweisen.

Letztlich sind die Situationen, die wir vor Gott bringen, immer sehr konkret und gleichzeitig sehr allgemein: Es sind Krankheit, Tod, Gewalt und die Erfahrung der Bedrohung, die die betenden Menschen zu immer den gleichen Bitten veranlassen: um eine Perspektive auf Rettung, Geborgenheit und den Sieg des Lebens über die Vernichtung. Darum werden hier auch Texte zitiert, die in sehr konkrete Situationen hinein formuliert wurden – denn was im Einzelfall trägt, kann auch über den Einzelfall hinaus Kraft entfalten. Umgekehrt bin ich skeptisch: Was für eine möglichst breite Anwendung sehr allgemein formuliert ist, erweist sich in der konkreten Situation häufig eher als wenig aussagekräftig, bleibt blutleer und weit hinter den Möglichkeiten des Fürbittgebets zurück.

Manchmal ist ein ausschließlich fürbittendes Gebet nicht genug. Gerade wenn es um die Benennung von Leid geht, bei dem die Verursachenden nicht irgendwelche fremden Mächte sind, sondern es persönliche, politische, gesellschaftliche Verantwortung zu tragen gilt, darf das Fürbittgebet nicht den Eindruck erwecken, wir wären an der Stelle der neutralen Beobachtenden. Damit würde ausgerechnet das Fürbittgebet die leidverursachenden Personen und Strukturen decken und verdecken. Angesichts solcher Situationen halte ich es für nötig, nicht nur die Leidenden vor Gott zu bringen, sondern die eigene Schuldverstrickung mit in das Gebet hineinzunehmen und Vergebens- und Fürbitten zu formulieren.

Und was hat das alles schließlich mit einer geschlechtergerechten Gottesrede zu tun? Gebetsformulierungen und was von Gott erwartet wird, sind beeinflusst davon, wie man sich Gott vorstellt bzw. welche Assoziationen mitschwingen, wenn ein Mensch „Gott“ sagt. Ich habe den Eindruck, dass das Fürbittgebet bisweilen so unentschieden zwischen „Nicht zu viel erwarten“ und „Gott um konkrete Taten bitten“ schwankt, weil weiterhin ein männlich-herrschendes Gottesbild wirkt, die Erfahrbarkeit Gottes in diesen Kategorien aber nicht mehr geglaubt wird. Wenn also von Gott nicht mehr angenommen wird, die menschliche Geschichte und die Weltgeschichte durch direktes Eingreifen zu lenken, dann werden Bitten schwierig, denen die Gottesvorstellung eines lenkenden Herrschers zugrunde liegt und in denen die Betenden nicht selbst mündige Bürger*innen sind. Das Füreinander-Einstehen in Solidarität und im Horizont Gottes kann hier noch einmal Kraft gewinnen aus einer geweiteten Gottesvorstellung: Wenn zum Beispiel die Macht und Verwundbarkeit des Mutterseins als Symbol für Gott begriffen wird oder die Geistkraft Gottes als mitfühlendes, belebendes und befreiendes Nahen und Vorüberziehen Gottes erwartet wird[26], dann öffnen sich auch für das Fürbittgebet neue Möglichkeiten, Anderes zu erbitten als ein Handeln der Betenden selbst: Dann könnte das Fürbittgebet einen Raum öffnen für die solidarische Bitte trotz eigener Verstrickung in Schuldzusammenhänge, für die Anrufung Gottes als der letzten Instanz, die die Würde derer verbürgt, die keine Stimme haben, für die Hoffnung gegen den Augenschein, dass die Sanftheit Gottes letztlich die menschliche Gewalt überwinden helfe.

Diese in konkrete gesellschaftliche und politische

Situationen hinein formulierten Fürbitten sind wie alle Texte in diesem Buch Ermutigungen, Beispiele, gern auch Steinbrüche für eigene Formulierungen: Sie wollen zeigen, wie sich biblische Texte in den Fürbitten spiegeln und wie sie in ihnen Resonanz entfalten können, wie Fürbitten abseits starrer sprachlicher Schemata formuliert werden können.

Vergebens- und Fürbitten

in der Fastenzeit

Wir bringen vor dich, was uns bedrängt, was uns umtreibt, was zu groß für uns ist. Wir bringen vor dich, wo unsere Welt zum Himmel schreit.

In einer menschlicheren Welt müsste niemand fliehen und an Grenzen ausharren, und es gäbe kein Tränengas gegen große und kleine Menschen, die Schutz suchen.
Darum bitten wir für alle, die an unseren Grenzen scheitern, in Regen, Kälte und Schlamm. Wir bitten für alle, die daran etwas ändern könnten. Wir bitten um Vergebung.

In einer gerechteren Kirche wäre die Tatsache, dass Jesus von Nazaret ein männlicher Mensch war, gar kein Thema. In unserer, deiner Kirche aber haben wir dein Bild verzerrt. Wir haben das Mannsein Jesu benutzt, um zu eng von dir zu denken, Gott.
Darum bitten wir: Um Gerechtigkeit und Heil für alle Frauen, die in unserer Kirche ausgeschlossen und verletzt worden sind. Um Befreiung und

Sprengung unserer engen Vorstellungen von dir und von uns. Um Offenheit füreinander und um Hoffnung für unsere Kirche.

In einer fairen Welt würden Frauen nicht herabgesetzt, benachteiligt oder sexuell misshandelt, nur weil sie Frauen sind.
Darum bitten wir für alle Frauen, die Opfer von verstecktem oder offenem Frauenhass geworden sind. Für alle, die sich Spott und Häme aussetzen, weil sie daran etwas ändern wollen. Für alle, die darüber hinwegsehen. Dass dein mächtiger Geist uns aufrüttelt, uns frei macht und zur Umkehr führt.

In unserer, deiner Kirche gibt es Gewalt und das Schweigen darüber. Wir können nicht so tun, als wäre das nicht unsere Angelegenheit. Die darunter leiden gehören zu uns, und die schuldig geworden sind, auch.
Darum bitten wir dich, Gott, die du in allem mächtig bleibst: Um Linderung der Schmerzen bei denen, denen Gewalt angetan wurde. Um Schuldeinsicht der Täter und Täterinnen. Um Mut zum Überleben und um Vergebung.

Alles das, was zu schwer für uns ist, nimm es auf. Wer außer dir könnte heilen, was so zerbrochen ist. Darum bitten wir dich, Gott, die du dich uns zugewandt hast für Zeit und Ewigkeit. – Amen.

Fürbitten

nach dem Evangelium von der Bergpredigt und nach einem Vierteljahr Pandemie

Wir bringen vor dich, Gott, wo wir allein nicht weiterkommen. Wir bringen vor dich, was uns bedrängt. Wir halten dir unsere Verstrickung, unsere Solidarität und unsere Ohnmacht hin.

Nichts ist verborgen, was nicht bekannt wird, haben wir gehört. Gerade wird bei uns sichtbar, was sonst verborgen geblieben ist: Kinder, die weniger Chancen haben als andere, Menschen, denen im eigenen Zuhause Gewalt angetan wird, Pflegerinnen und Pfleger, die weit über ihre Belastungsgrenze hinaus arbeiten, wo ein System aus den Fugen gespart worden ist. Wir bitten dich für alle, die darum schwer an ihrem Leben zu tragen haben. Wir bitten dich um Phantasie und Tatkraft, um Hartnäckigkeit und Zuversicht, um Dinge ändern zu können.

Fürchtet euch vor dem, der Leib und Seele töten kann, haben wir gehört. Und wir müssen damit leben, dass es das in unserer, deiner Kirche gibt: Gewalt, die nicht nur den Leib, sondern auch die Seele schwer verletzt. Wir wissen bislang zu wenig darüber. Wir bitten dich um Heilung für die unter uns, die Gewalt erfahren haben. Wir bitten für die unter uns, die anderen Übergriffe und Gewalt angetan haben, um Mut, sich der eigenen Schuld zu stellen. Wir bitten dich um Mut zum Hinsehen und um Vergebung.

Ihr seid viel mehr wert als viele Spatzen, haben wir gehört. Aber wir leben davon, dass es unter uns Ausbeutung und menschenunwürdige Arbeitsbedingungen gibt. In unseren Schlachthöfen schreit deine Schöpfung zum Himmel. Wir leben bislang billig davon. Wir bitten dich um Mut zur Verantwortung und um Vergebung.

Fürchtet euch nicht, haben wir gehört. Aber bei uns haben einige mehr zu fürchten als andere. Wer fremd ist oder so aussieht, wer lesbisch oder schwul liebt oder einfach nur eine Frau ist: Es gibt Ausgrenzung zu fürchten, Benachteiligung oder Gewalt, auch hier bei uns, in unserer, deiner Kirche. Wir bitten dich um Vertrauen ineinander, um Umkehr und um Vergebung.

Die Haare auf eurem Kopf sind gezählt, haben wir gehört. Wir kommen zu dir mit unserer Angst um Leben und Gesundheit von denen, die uns am Herzen liegen. Wir kommen zu dir mit unserer Trauer um die Toten, die wir vermissen. Wir bitten dich um die Erfahrung deiner Nähe.

Denn du trägst diese Welt und umgibst uns mit Heil, du Gott, die du dich uns zugewandt hast für Zeit und Ewigkeit. – Amen.

Vergebens- und Fürbitten

nach der Geschichte vom Stillen des Sturms, im Sommer 2020 nach der Explosion im Hafen von Beirut und nach einem halben Jahr mit der Corona-Pandemie

Du Gott-für-uns und Gott-für-alle, wir bitten dich für unsere Welt.

Du lässt dich finden in der Stille nach dem Sturm. Wir bitten dich für die Menschen in Beirut in ihrem Schock und ihrer Verzweiflung. Für alle, die noch nach ihren Eltern, Kindern oder Geschwistern, nach ihren Freundinnen und Freunden suchen. Für alle, die helfen wollen.

Du hast dich erkennen lassen in den Liedern und Schriften des Ersten Testaments. Wir bitten dich für unsere älteren und jüngeren Geschwister im Glauben an dich in Judentum und Islam. Für alle, die in deinem Namen Hass und Intoleranz säen wollen. Für alle, die über alle Gräben hinweg friedfertig bleiben.

Du lässt den Sturm der Angst zur Ruhe kommen. Wir bitten dich um Hoffnung und Zuversicht in dieser Zeit der Unsicherheit wegen des Corona-Virus. Für alle, mit denen eine Verständigung uns in dieser Zeit immer schwieriger zu werden scheint. Für alle, die schwer an ihrer Verantwortung tragen.

Du sagst uns: „Ich bin es, fürchtet euch nicht." Wir bitten dich für unsere Toten, dass du sie mit diesen Worten empfangen haben mögest. Für alle, die ihr

Leben für andere einsetzen. Für alle, deren Trauer übermächtig ist.

Wir legen dir auch unsere Bitten ans Herz, für die wir keine Worte haben. Alles, was ungesagt bleibt, nimm es zu dir. Wir lassen in dich hinein los, du, die du uns deine Treue versprochen hast für immer. – Amen.

Fürbitten

nach 10 Monaten Pandemie

Wer du auch bist und wie du auch heißt, Gott unsere Hoffnung, wir vertrauen dir an, was uns bewegt:

Wir bitten dich für die Geflüchteten und Gestrandeten auf den griechischen Inseln. Wir bringen vor dich unsere Mitverantwortung und unsere Hilflosigkeit.

Wir bringen vor dich alles, was uns in der Pandemie umtreibt: die Existenzängste und die Risse in unserer Gesellschaft, die Sorge um die, die uns am Herzen liegen, und die Angst vor dem, was noch kommt. Wir bitten dich um Ausdauer und Zuversicht.

Wir bitten dich für alle Menschen, die derzeit auf den Intensivstationen um ihr Leben und ihre Gesundheit kämpfen. Für alle, die ihr Möglichstes für sie tun. Für alle, die um sie bangen.

Wir bitten dich für alle kleinen Menschen, die dieser Tage geboren werden, um Schutz und Segen. Für ihre Mütter und Väter und alle, die sie ins Leben begleiten.

Bei dir bergen wir uns, und wir wollen festhalten an der Hoffnung, dass unsere Welt bei dir in guten Händen ist, du, die du Gott für uns bleibst in Zeit und Ewigkeit. – Amen.

Fürbitten

zum Fest der Heiligen Familie
nach einem Dreivierteiljahr Pandemie

Ich bitte dich für die Kinder, Gott-du-Ewige. So viele Kinder auf dieser Erde, und du allein kennst ihre Geschichten und ihre Möglichkeiten. Ich bitte dich, dass sie alle aufwachsen mögen in Frieden und Sicherheit. Und weil ich sonst so wenig tun kann, will ich sie wenigstens nicht vergessen: die allein unterwegs sind, die sich durchkämpfen, die schon zu viel gesehen haben für mehr als ein ganzes Leben an Leid und Gewalt.

Ich bitte dich für die Familien, Gott-du-Heilige. So viele, für die gerade diese langen Feiertage schwierig sind, und von denen nur du weißt, wie es um sie steht. So viele, denen nun auch noch die Pandemie das Leben bitter und die Zukunft düster macht, um Zuversicht und die Erfahrung von Geborgenheit.

Ich bitte dich, Gott-du-Lebendige, für alle, die auch gern eine Familie gehabt hätten. Dass du den Schmerz siehst und den verwundeten Herzen Linderung verschaffst, so gut es geht.

Sieh doch, Gott-unsere-Hoffnung, so viele Menschen, die sich umeinander sorgen. Die immer wieder ihr Bestes geben und hoffen, dass es reicht. Ich bitte dich für sie alle: um deinen Segen und darum, dass du dich spürbar machen mögest. Dass dein Licht durch die Brüchigkeit unserer Beziehungen hindurchschimmere, dass wir etwas von dir erahnen, du Gott-für-uns in Ewigkeit. – Amen.

Fürbitten

Palmsonntag nach einem Jahr Pandemie

Es war ein langes Jahr mit Corona, und wir sind müde, oh Gott. Es will kein Ende nehmen.
Wolltest du doch unsere Müdigkeit in deine Hände nehmen, und deine Gegenwart ausbreiten über allen, die wir dir anvertrauen: Die Kranken, die Trauernden, die Verzweifelten.

Der Kreuzweg war öffentlich.
Die Bitterkeiten der Pandemie sieht man nur wenig. Leere Geschäfte, mehr Menschen in Armut, und weltweit erst: so viel Leid.
Wolltest du doch unsere Ohnmacht für uns mittragen, und alle aufrichten, für die wir zu wenig Hilfe haben: Die Frauen und Kinder, die zu Hause nicht mehr sicher sind, die Sterbenden, und alle,

die ihr Möglichstes und mehr geben an Pflege und Sorge.

Das Urteil, das Kreuz: Sie haben es dir angetan, weil es ging.
Dinge, die geschehen, als wäre da niemand, keine Macht, die uns beschützt.
Wolltest du doch unsere Fragen nach dir hören, und alle bei dir aufnehmen, die ohne Rettung bleiben: die Geflüchteten an unseren Grenzen, die Kriegsopfer, all die vergessenen Toten, deren Geschichte niemand mehr erzählt.

Ein Leben voller Zuwendung und Offenheit, zerstört von Folter und Gewalt, und wir ertragen es nur, von diesem Tod zu erzählen, weil wir die Geschichte vom Ende aus hören und glauben möchten, dass die Gewalt, die du ohne Ausweg erlitten hast, dass sie nicht das letzte Wort behält.
Wolltest du doch uns etwas davon sehen lassen, vom Leben aus deinem großen Schweigen, von Hoffnung über den Tod hinaus, Hoffnung, die weiter trägt, weiter als die Pandemie, weiter als unsere Angst, weiter bis zu dir, du unsere Lebensquelle in Ewigkeit. – Amen.

Fürbitten

nach der Geschichte vom Stillen des Sturms (Mk 4,35–41) und nach anderthalb Jahren Pandemie

Sie waren zusammen in einem Boot, als der Sturm aufzog, und seine Freundinnen und Freunde schrien vor Angst – aber er nicht, denn er wusste: Auch das Boot und der See und der Sturm und die Angst waren in Gottes Hand.

Wir hoffen für so viele, dass sie in deiner Hand sind:
die Flüchtenden auf dem Mittelmeer, immer noch, immer wieder,
die Gestrandeten an den Grenzen,
die vielen, über denen die Wogen der Erinnerung an erlittene Gewalt zusammenbrechen und ihnen den Boden unter den Füßen wegreißen,
für die, denen das Wasser bis zum Hals steht nach anderthalb Jahren mit Corona,
und die vielen, besonders im globalen Süden, die die Folgen der Klimaerwärmung, den Anstieg der Meere jetzt schon erleiden.

Wir bitten dich um einen klaren Blick auch im Dunkel des Sturms, um Mut und Zuversicht und für alle, die wir vor dich bringen, um deine rettende Gegenwart.

Denn es ist dein schöpferischer Geist, der über allem Chaoswasser noch etwas Neues hervorbringen kann, und deine Stimme, die den Sturm der Angst zur Ruhe bringen kann, du Gott, die du dich uns zugewandt hast für Zeit und Ewigkeit. – Amen.

Fürbitten

nach der Unwetterkatastrophe im Rheinland und in der Eifel 2021 – und nach der Geschichte von der wunderbaren Brotvermehrung (Joh 6,1–15 par.)

Wer das Brot gebacken hat, bekommt keine eigene Geschichte. Wir bitten dich, Gott, für die Arbeiterinnen und Arbeiter, die so oft den Boden für unser Leben bereiten: bei der Ernte, beim LKW-Transport, im Schlachthof. Du kennst ihre Namen und ihre Gesichter.

Es reicht für alle: Wenn es doch so wäre, Gott. Wenn wir das doch erfahren könnten. Wir bitten dich für unsere Welt, die voll Ungleichheit und Ausbeutung ist.

Das reicht doch nie: Wir stehen mit leeren Händen vor dir. Nebeneinander stehen wir: die, die alles verloren haben und die, die verschont geblieben sind. Wir bemühen uns um Hilfe, um Solidarität und Mut. Bleibe bei uns, Gott.

Wenn das Brot für alle reicht, ist es wie ein Vorgeschmack auf den Himmel. Wir legen dir unsere Toten ans Herz, Gott, und die Sterbenden auch.

Gott, du Ewige: Vieles macht uns sprachlos dieser Tage. Wir bringen unser Verstummen vor dich. Du wirst verstehen und bei dir bergen, wofür wir keine Worte haben. – Amen.

Segen

Ein Segen ist die Zusage der Gegenwart Gottes. Er ist deutlich mehr als ein frommer Wunsch, sondern eine mächtige Sprachform der Religion: Im Zusprechen verwirklicht sich der Segen, der dem gesegneten Gegenüber zugesprochen wird. Einen Segen zuzusagen oder zu spenden ist performatives Sprechen: Es beschreibt nicht, sondern setzt eine neue Wirklichkeit. Das ist natürlich kein objektiv nachweisbares, sondern ein sich in der religiösen Logik erschließendes Geschehen. Ein Segen wird dann geglaubte Wirklichkeit, wenn beide Seiten – die segnende und die gesegnete – sich darüber einig sind, dass es um mehr als Worte geht: Ein Segen kann sich nur realisieren, wenn er beiden Seiten etwas bedeutet, wenn beide Seiten die Gegenwart Gottes im Segen erhoffen und glauben. Das muss keine sichere Überzeugung sein, aber ohne mindestens eine suchende Sehnsucht nach dieser Wirklichkeit Gottes bleibt der Segen kraftlos, weil er dann keinen Anhalt in der geglaubten Wirklichkeit findet, an dem er sich realisieren könnte. Segnen ist ein religiöser Akt, keine Magie.

In dieser geteilten Grundannahme, dass Gottes segnende Kraft geglaubt oder mehr oder weniger bewusst ersehnt wird, verwirklicht der Segen die mächtige, ungeordnete, wilde Gegenwart Gottes in dieser Welt. Der Segen ist durch und durch demokratisch: Jede*r kann ihn spenden, und er kommt dadurch zur Wirklichkeit, dass ihn die annehmen, denen er zugesprochen wird. Entscheidend ist nur die Absicht und das Bewusstsein für das, was man tut. Der Segen Gottes ist so gesehen die radikale Gegenwart Gottes als unverfügbare, lebendige Gegenwart, die sich unterschiedslos verschenkt – anarchisch, unbeherrschbar und unbezähmbar.

Gegenüber dem religiösen Ritual oder, in der römisch-katholischen Kirche, gar gegenüber dem Sakrament, in dem sich die Gegenwart Gottes in geordneten, theologisch intensiv durchdrungenen Bahnen verwirklicht, ist der Segen der Wildwuchs Gottes unter den Menschen. Zwar wird er oft in überlieferten oder in wohlgesetzten neuen Worten formuliert, aber von seinem Wesen her markiert gerade der Umstand, dass ihn jede*r spenden kann, die Unverfügbarkeit des Segens: Niemand kann ihn oder die Erlaubnis, ihn zu spenden, für sich allein reklamieren und anderen versagen. Jeder Versuch, ihn zu domestizieren und in bestimmte Hierarchien einzugliedern, scheitert an der religiösen Erfahrung der Menschen, die den Segen im Sprechen und im Zugesprochen-Bekommen vergegenwärtigen und ihn sich verwirklichend erfahren.

Die liturgischen Vorlagen, die für Laiinnen und Laien in der katholischen Kirche erarbeitet wurden, sehen anstatt einer Segenszusage eine Formulierung wie „So segne uns der allmächtige Gott …" vor. Ganz abgesehen von der Allmachtsproblematik, von der weiter vorne schon die Rede war: Das ist theologisch und sprachlogisch eine äußerst schwierige Formulierung, was umso schwerer wiegt, als es keinen positiven sachlichen Grund für die Vorgabe so einer Formulierung gibt. Vielmehr entspringt diese Vorgabe einem reinen Abgrenzungsbedürfnis, damit eine nichtgeweihte Person, die der Gemeinde den Segen zuspricht, auf keinen Fall mit einem Priester verwechselt werde. Es ist aber sprach- und sachlogisch unmöglich, den unverfügbaren Segen Gottes auf sich selbst herabzurufen. Wenn kirchliche Vorgaben nun für Laien die Formulierung „Segne uns“ vorsehen, dann schreiben sie damit den Laien genau diese Macht zu, nämlich den Segen Gottes auf sich selbst herabzurufen. Damit sind mehrere Folgeprobleme verbunden:

Erstens entsteht der falsche Eindruck, anderen Menschen den Segen Gottes zuzusprechen, sei an das Weihepriestertum gebunden. Zweitens wird die Erfahrung verhindert, dass der Segen ein freies Geschenk ist – der Segen erscheint als verfügbar wie in einem Selbstbedienungsladen. Man kann aber so wenig den Segen Gottes auf sich selbst herabrufen, wie man sinnvoll jemand anderem sagen kann: Liebe mich. Sich den Segen von jemand anderem zusprechen zu lassen, bedeutet auch: Sich als angewiesen auf andere zu erfahren. „Liebe mich“ zu sagen ist natürlich eine Möglichkeit. Es ist eine flehentliche Bitte, aber sie kann die Wirklichkeit nicht setzen, die sie erhofft, nämlich geliebt zu werden. Eine Segenszusage ist aber genau das, der Segen wird Wirklichkeit, wenn er zugesprochen wird. Und drittens wird eben diese machtvolle Wirklichkeit des Segens Gottes unzulässig verschleiert und banalisiert, die genau aus der Unverfügbarkeit dieses Segens für sich selber erwächst. Gott wird dann nicht mehr als „ganz anders“ erfahren, sondern steht in der Verfügung des Menschen für sich selbst.

Selbst anderen Menschen den Segen Gottes zuzusprechen, erfordert ein Bewusstsein und eine Bereitschaft dafür, dass man eine machtvolle Sprachform verwendet, die auch in der Gestik ihre Entsprechung haben sollte. Bevor man hier halbherzig wird, kann man alternativ auch die Form wählen, ins Wort zu bringen, dass alle bei der Feier anwesenden sich als unter dem Segen Gottes stehend erfahren – so wie die gegenseitige bestätigende Zusage „wir lieben uns". Zwischen beiden Möglichkeiten liegt mehr als ein sprachlicher Unterschied. „So beenden wir diese Feier, indem wir bekräftigen, dass wir in deinem Namen weitergehen, Gott, die du deinen Segen über uns legst/deren Segen uns allezeit begleitet/unter deren Segen wir uns bergen: Vater, Sohn und Heiliger Geist" sind mögliche gute Formulierungen, aber inhaltlich, sprachlich und liturgisch etwas anderes als „So segne euch Gott, die in allem mächtig bleibt: Vater, Sohn und Heiliger Geist."

Beide Möglichkeiten haben ihre Berechtigung, nur ohne eine bewusste Entscheidung für eine der beiden Formen wird es schwierig. Ich halte es für eine Kultur der Gottesdienst- und Gebetssprache, die patriarchale Muster überwindet, für förderlich, wenn hier keine Scheu vor vermeintlicher Anmaßung die Entscheidung bestimmt. Ebenso halte ich es aus Gründen der spirituellen Selbstbestimmung für unverzichtbar, sich nur die Formulierungen anzueignen, mit denen man sich auch wohl in der eigenen Haut fühlt.

Gleiches gilt für die begleitenden Gesten. Es macht einen Unterschied, ob man mit gefalteten Händen betet oder mit ausgebreiteten, ob man das zur Abschlussformel so beibehält, ob man die Abschlussformel damit begleitet, über sich selbst das Kreuzzeichen zu schlagen, oder ob man das Kreuz über die Gemeinde zeichnet. Um keine verunsichernde Verwechslung mit den priesterlichen Gesten zu riskieren, bei der der Priester das Kreuz mit der nach links gewandten Handfläche zeichnet, sodass die Handkante der Gemeinde zugewandt ist, kann diese Geste so abgewandelt werden, dass die*der Segnende seine*ihre Handfläche zur der Gemeinde hin wendet. Das ist dann eine beanspruchende Geste, bei der es umso wichtiger ist, sich erstens sicher damit zu fühlen und zweitens im Bewusstsein zu haben, dass wer den Segen spendet, den Segen nicht erzeugt, sondern zusagt und in die Wirklichkeit ruft, was von Gott kommt. Eine ähnliche Reflexion ist auch bei anderen Gebetsgesten gut und braucht durchaus auch ein Ausprobieren – wie Worte sollten auch die Gesten sowohl authentisch sein als auch den Bereich der Nicht-Alltäglichkeit eröffnen. Sie sollten sowohl etwas wagen an Sich-Zeigen als auch zur Person passen. Und sie sollten den Unterschied markieren zwischen einer Ansprache einerseits und dem Hineinnehmen der Gemeinde in das Gottesgespräch andererseits.

Die folgenden Segenstexte habe ich überwiegend daraufhin formuliert, dass sich eine ausdrückliche Segensspendung anschließt. Nicht bei allen, aber bei einigen Texten ist es aber auch möglich, mit einer Formulierung zu enden, wo der*die Gottesdienstleiter*in sich solidarisch mit der Gemeinde unter dem Segen stehend zeigt. Bei der ersten Form, den Segen zuzusprechen, wird sich eine Formel anschließen wie

- „so segne euch Gott, die in allem mächtig bleibt“ oder
- „so segne euch Gott, die lebendige Kraft, die diese Welt im Dasein hält“ oder

- „so segne euch Gott, die Eine, die euch in- und auswendig kennt ... Vater, Sohn und heilige Geistkraft. - Amen."

Bei der zweiten Form, sich solidarisch unter dem Segen Gottes stehend zu erfahren, bietet sich eine abschließende Formulierung an wie

- „Ich lade euch ein, dass wir uns abschließend gemeinsam noch einmal unter das Zeichen Gottes stellen, deren/dessen Segen wir so nötig haben: Vater, Sohn und Heilige Geistkraft. - Amen"
- „Wir stehen unter deinem Zeichen, du Gott-für-uns, und wir glauben, dass du uns wie die ganze Welt in deiner segnenden Gegenwart hältst, und beschließen diesen Gottesdienst darum auch in deinem Namen: Vater, Sohn und Heilige Geistkraft. - Amen"

Die vorangestellten Texte zu diesen abschließenden Formulierungen sind mehr als Rhetorik. Der anarchische, unbeherrschbare, lebendige Segen Gottes braucht Andockpunkte, und für die, die den Segen empfangen, dienen die vorangestellten Zusprüche als eine Möglichkeit der Vorbereitung, des Sich-Öffnens, der Hingabe. Die oft trinitarische Gestaltung der Segenstexte versucht, die verschiedenen Weisen, in denen sich Gott in der christlichen Lesart uns Menschen zugänglich macht, aufscheinen zu lassen.

Diese trinitarische Gestaltung bleibt oft implizit, sie benennt nicht ausdrücklich die Gottesnamen „Vater, Sohn, Heilige Geistkraft", sondern sie bezieht sich auf die verschiedenen Dynamiken, in denen Gott nach christlichem Bekenntnis als erfahrbar und glaubhaft angenommen werden kann. Dieser Gestaltung liegt die Überzeugung zugrunde, dass die Nennung der Namen Gottes im Dreiklang der Dreifaltigkeit nicht auf die Definition des Wesens Gottes abzielt, sondern dass es darum geht, die Beziehung Gottes zu unserer Welt, zu den Menschen zu benennen.

In diesem Sinn kann am Anfang einer Segensbitte das Bild von Gott als Vater, Mutter, Lebensquelle leitend sein und darum Formulierungen enthalten, die den Segen Gottes als „von oben kommend“ ins Wort bringen: alles, was mit bergen, herabkommen, umhüllen, schützen zu tun hat.

An die zweite Stelle in der Segensbitte wird dann ins Wort gebracht, wie Gott als Sohn in den Blick kommt: Hier sind es Formulierungen, die Gott als solidarisch an der Seite der Menschen bekennen, als begleitende, unterstützende, mitgehende Kraft.

Und an der dritten Stelle der Segensbitte folgt dann die Benennung in der Tradition der erfahrbaren Geistkraft: dem Menschen innerlich, von innen kommend, im Herzen aufleuchtend, in einer Verbundenheit miteinander erfahrbar, sich in einer Weise mitteilend, die unnennbar bleibt, die aber von Menschen bezeugt wird als eine Kraft, die nicht aus ihnen selbst kommt, sondern sie übersteigt.

Die folgenden Segenstexte können, wie beschrieben, in unterschiedlicher Weise mit Segensformeln kombiniert werden. Eine mögliche Abschlussformel ist nicht bei allen Texten angefügt, insbesondere bei den Segenstexten in Gedichtform nicht. Wo eine Abschlussformel mit abgedruckt ist, wird sie eingeklammert, denn sie kann natürlich ausgetauscht und angepasst werden. Je nach Abschluss sind die Texte dann Zusage und Gebet zugleich, sie können in unterschiedliche Situationen hinein und für unterschiedliche Adressat*innen-Kreise angepasst werden, sodass sie für die jeweilige Situation passend einen Horizont eröffnen können, der die Größe und Schönheit des Segens Gottes widerspiegelt.

2. Sonntag nach Weihnachten

In der Stille des frühen Jahres
Im angespannten Warten
Hallt das Schweigen der Nacht noch nach

Noch ist nicht gesagt, was der Tag bringt,
Was das Jahr
Noch ist nichts gesagt

Das Wort wird noch zu hören sein
Wird verschweben
Und alles durchdringen

Wenn nichts mehr zu sagen ist
Wird das Schweigen Gottes
Uns heimholen

2. Sonntag der Osterzeit/ Das Evangelium von Thomas, dem Zweifler

Ein Segen für den Zweifel
Ein Segen für die Sehnsucht
Ein Segen für den Neuanfang

Dass sich zeigen möge:
Gottes Treue in deiner Beharrlichkeit
Gottes Geistkraft in deiner Hoffnung
Gottes Liebe in deiner Freundlichkeit

Damit du leben kannst:
Aus Zuversicht
Auf festem Grund
Von Tag zu Tag

Im Namen Gottes, der Einen
Amen.

Zur Erzählung aus dem Evangelium von der Auferweckung der Tochter des Jaïrus

Es lege sich nun auf dich Gottes Segen
wie Stille nach der Klage ohne Trost
in einem Raum der Ruhe und des Friedens
wo nur das eine leise Wort genügt

Es halte dich umfangen Gottes Segen
wenn eine Stimme suchend nach dir ruft
in Mutterspracheklängen deiner Seele
ein so vertrautes, nie gehörtes Wort

Es ströme auf dich über Gottes Segen
als gnadenvolle, schöpferische Kraft
verbindend, unaufhaltsam, unvermutet
ein Neuanfang nach langer dunkler Nacht

So geh nun unter machtvoll gutem Segen
den Gott-die-Eine dir verheißen hat
in ihrem Schatten kannst du sein und leben
die Zukunft wird dir von ihr zugedacht.

Segen von Atem und Kraft

Dass Gottes segnende Kraft euer Leben durchatme

Und bewahre, was zählt: die selbstvergessenen Momente, das Staunen über die Größe der Welt, die Erfahrung, einander verbunden zu sein.

Dass Gottes segnende Gegenwart euer Leben erhalte

Und vergebe, versöhne und heile, was zerbrochen ist: die Enttäuschungen, die Bitterkeiten und die Erfahrung, ausgeliefert und machtlos zu sein.

Dass Gottes segnende Liebe euer Leben erneuere

Und aufblühen lasse, was in euch liegt: die Energie, die Stärke und die tiefe Freude, Teil des lebendigen Kosmos zu sein.

(So segne euch Gott, die Eine, in Ewigkeit: Vater, Sohn und Heiliger Geist. - Amen.)

Segen von Blicken und Größe

Dass du Gottes Hand in deinem Rücken spüren mögest:
die federleichte Hand Gottes, die sich nicht mit Macht in die Geschichte schreibt,
sondern dich so behutsam aufrichtet, dass sie von deiner eigenen Kraft
kaum zu unterscheiden ist, sachte und stark.

Dass du Gottes Blick auf dir spüren mögest:
zugewandt, wissend, liebevoll,
und dich in diesen Blick hinein angstlos zeigen kannst
mit deinen hellen und deinen dunklen Seiten.

Dass du Gottes Größe über dir ahnen mögest:
Gottes Zugegensein, in dem sie naht und vorüberzieht,
für einen dichten Moment, in dem Gott da ist und du da bist
und das genügt.

(So möge sich Gott, die in allem mächtig bleibt,
euch liebevoll zeigen und euch segnen:
Vater, Sohn und Heilige Geistkraft. – Amen.)

Segen zu Pandemie- und anderen schweren Zeiten

In der Unsicherheit
In der Schwere dieser Zeit
Im Fürchten und Vermissen
Komme Gott euch entgegen

Eure Unsicherheit auszuhalten
Eure Last mitzutragen
Und eure Seele behutsam zu wiegen wie eine Mutter ihr Kind

Weil jede Zeit Gottes Zeit ist
Weil Gott in dieser Welt zu Hause ist
Und weil Gottes Segen stärker ist als der Tod.

(Und so segne euch Gott, die Eine: Vater, Sohn und Heilige Geistkraft. – Amen.)

Segen vom Hoffen und Blühen

Die Kraft Gottes komme über euch.
Sie bringe zum Blühen, was in Euch noch dürr und trocken liegt, die vergessenen Sehnsüchte und die aufgegebenen Hoffnungen.

Gottes Ewigkeit scheine in euer Leben hinein und lasse in den Anfängen eures guten Willens, eures Sorgens und eures Liebens Gottes Wirklichkeit selbst aufleuchten.

Gottes Zusage begleite euch durch die Dunkelheiten auf Weihnachten hin und fülle euer Herz mit Zuversicht und Freude.

(Und so segne euch Gott mit Macht und liebevoller Zugewandheit: Vater, Sohn und Heiliger Geist. – Amen.)

Segen in Resonanz auf Psalm 116

Gottes Segen, seit Weltzeitgedenken
flüchtig und felsenstark,
euch heute zugesagt:
Atem, der fließt und umhüllt
rettende Kraft, die euch hält

Gottes Liebe, Nähe und Freundlichkeit,
die euch wie Licht umgibt
euch leuchte, so lang ihr lebt
bleibe euch zugewandt
Segen aus Gottes Hand

Dass ihr geht, in Trost und in Zuversicht
das Herz voller Dankbarkeit
mit Hoffnung für diese Zeit
auf Wegen der Heiligen
in Zutraun auf Zukunft hin.

Segen für finstere Zeiten (zu Mk 13,24–32)

Wenn die Sterne vom Himmel fallen
einer nach dem anderen
die nicht zu Ende geträumten Träume und die
verglühten Hoffnungen
dann bleibe Gottes Segen bei euch:
zu sammeln die Sterne, die Tränen.

Wenn es dunkel wird um euch
die Zukunft sich verfinstert
die Angst nach euch greift und ihr keinen Schritt
mehr weiter könnt
dann bleibe Gottes Segen bei euch:
zu tragen die Angst, die Schwere.

Wenn unsere Welt ins Wanken gerät
die Sicherheiten entgleiten
wir uns vortasten in eine ungewisse Zeit
dann bleibe Gottes Segen bei euch:
zu heilen die Risse, die Gräben.

Denn Gott-die-Eine hält die fallenden Sterne
hält die Dunkelheiten, hält die Risse
hält unser verletzliches Leben,
hält und hält aus, hält mit uns aus
hält uns in ihrem Segen.

Andere Texte

Oft sind gerade die hohen Feiertage liturgisch zwiespältig: Einerseits rühren diese hohen Feiertage etwas an, das mehr Menschen als sonst in die Gottesdienste kommen lässt, eine Ahnung vielleicht, dass hier etwas wirklich Wesentliches gefeiert wird – oder auch schlicht die Selbstverortung, dass Religiosität ansonsten keine große Rolle in der Lebensgestaltung einnimmt, dass es aber ein Zugehörigkeitsgefühl gibt, und das findet in der Mitfeier im Festgottesdienst einen Ausdruck. Gerade die hohen Feste im Jahr müssen darum eigentlich für Ungeübte gut mitfeierbar sein.

Andererseits enthalten aber gerade die liturgischen Vorgaben zu den Hochfesten viel überkommene Theologie. Hier tritt dann auch die mangelnde Rezeption wissenschaftlicher theologischer Forschung besonders deutlich hervor: Sind es an einem normalen Sonntag eben etwa bibeltheologische Erkenntnisse zu einzelnen Textgattungen oder Büchern der Bibel, hinter denen die Liturgie zurückbleibt, so sind es an den Hochfesten die Grundachsen des Glaubens. Wie ist der Kreuzestod Jesu zu verstehen? Oder: Was bedeutet die Gegenwart des Heiligen Geistes in dieser Kirche und dieser Welt? Die liturgischen Vorgaben zu den entsprechenden Festen aktualisieren theologische Aussagen, die so heute nicht mehr dem Stand des Glaubenswissens entsprechen. Das ist ein Problem, weil die liturgischen Texte somit selber wieder interpretiert, verheutigt und angeeignet werden müssen, anstatt diese Funktion selbst zu leisten, die großen Glaubensaussagen im Feiern zu vergegenwärtigen und einen Zugang zu ermöglichen, um diese Feste nicht in einer Parallelwelt zu feiern, sondern den Glauben genau für hier und heute zu erschließen.

Andererseits ist Liturgie Gewohnheitssache. Als solche ist sie auch der Gruppe der Ungeübten meistens noch als erinnertes Geschehen geläufig – völlige Abweichung von den liturgischen Vorgaben kann darum auch wiederum mehr für Befremden sorgen als gangbare Zugänge eröffnen.

Ich schlage darum einen behutsamen, aber furchtlosen Umgang mit den traditionellen Texten vor, bei dem die theologischen Hauptaussagen sorgfältig angeschaut und nach dem besten theologischen Wissen in heutige Denkfiguren und Sprache übertragen werden. Denn Glaubensinhalte erschließen sich nicht allein über das Verstehen, sondern auch und vor allem über Gesang und aneignendes Gebet.

Die folgenden Texte verstehen sich darum als Alternativen zu einer museal gewordenen liturgischen Sprache, als Übersetzungsangebote gerade für die Texte zu den Hochfesten des Glaubens, als Anstöße, diese Texte so behutsam wie entschlossen in unserer Welt und Zeit zum Sprechen und Klingen zu bringen, um ihre Relevanz zu bewahren und sie fruchtbar werden zu lassen.

Exsultet – Lob der Osterkerze

Frohlocket, ihr Chöre der Engel, frohlocket, alle Heiligen Gottes! Atmet auf in erleichtertem Jubel, freuet euch, denn Gott bewahrt auf ewig das Leben.

Lobsinge, du Erde, getragen von guter Schöpfungsmacht! Liebe, Fülle und Heilsein erwarten dich, alles Dunkel und alle Angst wird vergehen.

Auch ihr freuet euch, Gemeinschaft der Glaubenden, euch ist eine große Hoffnung gegeben! Singt, auch wenn das Lied erst noch zaghaft klingt, singt von Gottes unzerstörbarer Zukunft.

Erhebet die Herzen. // Wir erheben sie zum Herrn.

Lasset uns danken dem Herrn, unserm Gott. // Das ist würdig und recht.

In Wahrheit ist es würdig und recht, dich Gott, du verborgener Ursprung des Lebens, von ganzem Herzen zu loben und deinen Sohn Jesus Christus mit Staunen und Freude bei uns zu begrüßen.

In Treue zur Botschaft von der Kraft Gottes, die unsere Welt verwandelt, war er bereit zu sterben, als ein Ende seines befreienden Lebens.

Gekommen ist das heilige Osterfest, an dem Gott sein Volk in die Freiheit und in das Leben führt.

Dies ist die Nacht, in der Gott unsere Väter und Mütter aus Ägypten befreit und auf trockenem Pfad durch die Fluten des Roten Meeres geführt hat.

Dies ist die Nacht, in der die leuchtende Säule das Dunkel des Unrechts vertrieben hat.

Dies ist die Nacht, die auf der ganzen Erde allen, die an Christus glauben, das Tor zum Leben öffnet, die Fülle der Gemeinschaft und die Freundschaft in der heiligen Geistkraft.

Dies ist die selige Nacht, in der Gott das letzte Wort gesprochen hat über Jesus, den gesegneten Menschen, und dieses Wort heißt in Ewigkeit Leben.

O unfassbare göttliche Liebe: teilnehmend und leidend bist du an der Seite der Verlorenen!

O wahrhaft glückliche Menschheit, du bleibst nicht in Gewalt und Unrecht gefangen! O Sieg der solidarischen Liebe, die neues Leben erzeugt aus dem Unheil!

Der Glanz dieser heiligen Nacht umhüllt uns mit Gottes Geheimnis, gibt den Verletzten das Heilsein, den Toten eine Zukunft, den Trauernden Hoffnung.

O wahrhaft selige Nacht, die Himmel und Erde versöhnt, die Gott und Menschen verbindet!

In dieser gesegneten Nacht, du unser Gott, sieh auf das Licht unserer Kerze – unser kleiner Abglanz deiner überschäumenden Herrlichkeit.

Sie leuchte uns durch diese Nacht, durch das tiefe Dunkel des Todes, das dein Sohn, unser Bruder, durchschritten hat.

Sie gebe uns eine Ahnung deiner lichtvollen Gegenwart, die das Böse und den Tod endgültig ausbrennen wird.

Sie leuchte, bis der Morgenstern erscheint, jener wahre Morgenstern, der in Ewigkeit nicht untergeht: dein Sohn, unser Freund und Bruder Jesus Christus, der von den Toten erstand und der deine rettende Macht bezeugt bis ans Ende der Welt, du unser Gott, die du dich uns zugewandt hast für Zeit und Ewigkeit. – Amen.

Pfingstsequenz

Komm herab, o Lebenskraft
Die im Dunkel Licht erschafft
Die das All erhaltend webt

Komm, die unsere Welt durchdringt
Die in uns von Hoffnung singt
Deren Atem uns belebt

Komm, die voller Liebe brennt
Komm, die mich beim Namen nennt
Komm, die Leben wachsen lässt

Was zerrissen, webst du neu
Was verloren, hältst du treu
Armut wandelst du zum Fest

Komm, des Unrechts Klägerin
Gib uns Mut zum Aufrechtstehn
Bleib uns in der Hoffnung nah

Frieden und Gerechtigkeit
Nähre neu in unsrer Zeit
Ewige, unfassbar da

Freundin, Schwester, Retterin
Meines Lebens Schöpferin
Brausend wie ein Wort im Wind

Die uns in Gemeinschaft birgt
Mütterliche Liebe wirkt
Weisheit zur Entfaltung bringt.

Die uns hin zur Güte lenkt
Heilt und tröstet, hält und drängt
Du, die uns so brennend liebt

Die die Tränen trocknen wird
Und uns in die Freiheit führt
Mächtig deinen Segen gib. Amen. Halleluja.

*(Singbar auf die gewohnte Melodie,
Gotteslob Nr. 343/344)*

Pfingsthymnus

Komm, Geistkraft, die das All belebt,
Komm, Himmelsklang, der nie vergeht:
Du Atem in uns, gute Macht,
Die Frieden und Vergebung schafft.

Du Geist der Liebe, Seelenkraft,
Die du uns gleich und frei gemacht,
Umgib uns auch in dieser Zeit,
Du Trösterin in Ewigkeit.

In Trauer, Angst, Verlorensein,
Bleib bei uns als ein zarter Schein,
Ein Schimmer Hoffnung, Funken Licht,
Ein zugewandtes Angesicht.

Lass deinen Glanz uns heute sehn,
Lass uns dein leises Wort verstehn,
Nach Sturm und Donner, Feuer, Wind:
Die Stille, die wir selber sind. Amen.

(Singbar auf die Melodie von „Komm heilger Geist, der Leben schafft", Gotteslob Nr. 342)

Dreifaltigkeitssonntag – ein Gotteslied

Du bist das Lied, die Stimme, der Klang
Und die große Stille hinter den Dingen
Unauslotbar die Tiefe deines Schweigens

Du bist die Bewegung, der Rhythmus, der Tanz
Die Schönheit der Sterne und der Abgrund des Meers
Unbegreiflich die Intensität deiner Liebe

Du bist das Feuer, die Wärme, das Licht
Die Kraft des Lebens noch in unseren elendsten Ecken
Undurchdringlich die Glut deines Erbarmens

Und hier: Wir brüchigen Menschen der Erde
Ein Spalt nur zu dir, ein Spalt nur, der uns trennt
Bis wir heimkehren, und schauen, und aufatmen. – Amen.

Allerheiligenlitanei

Alle Heiligen Gottes mögen euch erwarten.

Oma Elise und Großonkel Paul.

Die nette Frau am Kiosk, als wir klein waren, und die vielen Frauen, die alle auf ihre Weise gekämpft haben, um ein bisschen Selbstbestimmung, mit zu vielen Pflegeaufgaben oder um ein Leben ohne Bitterkeit, obwohl sie so viel Bitteres zu schlucken hatten.

Die vielen Frauen, die mit Verletzungen an Leib und Seele noch irgendwie aufrecht durchs Leben gegangen sind und dabei allzu oft hintenübergefallen sind, ungesehen, ungehört, ungenannt.

Die vielen Vergangenen und Vergessenen, mit ihrer Liebe und ihrer Hoffnung. Die ihr Bestes versucht und die Bruchstücke ihres Lebens dann in Gottes Hand gegeben haben.

Die schon gegangen sind, widerwillig oder erleichtert, deren Gesichter sich zum Schluss doch noch entspannt haben, die schon eingetreten sind ins große Rätsel des Sterbens und Lebens.

Die dann so bitter gefehlt haben, die noch vieles vor sich gehabt hätten, die so sehr beweinten Kinder, und die, die nur einmal eine Zahl in den Nachrichten waren, alle Heiligen Gottes, die Bleibenden, die Gott sich in ihre Hand geschrieben hat.

Alle Heiligen Gottes mögen euch erwarten. Für jetzt, für immer, in Zeit und Ewigkeit.

Ein Lied nach Ps 103

Eine der bekanntesten Übertragungen dieses Psalms ist das Lied „Lobe den Herren“ (Gotteslob Nr. 392). Auf die gleiche Melodie ist diese Übertragung singbar:

Spanne dich aus, meine Seele, zum Himmel, zur Einen,
die in dir atmet, dein Leben beschirmt und begleitet. Zu
ihr, die dich sieht, die dich umfängt, die dich liebt,
die dich hinausführt ins Weite.

Zu ihr, zum Himmel schrein Unrecht und Leid unsrer Erde.
Die nichts erklärt, sie hält aus, hält die Welt noch im Werden,
die so tief schweigt, über uns Menschen geneigt,
voll Mitgefühl und Erbarmen.

Tage und Jahre, die uns hier im Dasein gegeben,
Glück, Schmerz und Liebe, sie glühen, verlöschen, vergehen.
Sie aber bleibt, sie sieht, gedenkt und sie weiß,
was wir erhofften im Leben.

Atme nun auf, meine Seele, und lobe die Eine.
Unendlich fern von dir, steht sie doch treu dir zur Seite.
Machtvoll und sanft hält sie dich in ihrer Hand,
heiliges Gottesgeheimnis.

Zum Abschluss

Zur Lesung aus dem Buch Deuteronomium, Kapitel 4: „So höre nun, Israel, die Bestimmungen und Rechtssätze, die ich euch lehre, damit ihr euch danach richtet und lebt … Ja, welches große Volk hat Gottheiten, die ihm nahe sind, so wie die Ewige uns nahe ist, immer wenn wir sie anrufen?“

Ob du dich uns ins Herz geschrieben hast?
Ob die Sehnsucht und der Mut, die Liebe und die Trauer, ob alle diese Worte unseres Herzens doch eigentlich immer nur von dir sprechen?

Wenn du dich uns ins Herz geschrieben hast, dann nicht mit Wucht und Macht, sondern mit zartem Strich.
Wenn wir nun in unserem Herz alles Geröll beiseiteschöben, alles, was sich da angesammelt hat an Enttäuschungen und Bitterkeiten, an Ärger und Lieblosigkeiten, an Verzagtheiten und Ängstlichkeiten,
wenn wir dazwischen einen Raum freilegten, erst energisch und dann immer behutsamer und sachter,
wenn wir alles das wegwischten
auch die tiefe Furcht, dass das, was darunter von uns bleibt, nicht genügen könnte,
und die Härte gegen uns selber auch,

wenn wir alles das beiseiteschöben, was sich da angesammelt hat,
und sorgsam darunter das Weiche und Verletzliche hervorholten
und das tiefe Staunen darüber, lebendig zu sein,
ob dann dort dein Wort zum Vorschein käme,
mit dem du dich in unser Leben geschrieben hast?

Wir würden es vielleicht Zeichen für Zeichen entziffern, uns still durchbuchstabieren,
bis wir es zusammensetzen könnten zu deinem Namen in unserem Leben:
Ich bin da.

Immer wieder du und wir und wir und du
und wir folgen der Spur deiner Worte, die nachklingen, wenn wir verstummen und schweigen und schauen. – Amen.

Anmerkungen

1 Elizabeth A. Johnson, Ich bin die ich bin. Wenn Frauen Gott sagen, Düsseldorf 1994, 52.

2 Ulrike Bail/Marlene Crüseman u.a. (Hrsg), Bibel in gerechter Sprache, Gütersloh 2006.

3 Irmtraud Fischer, Gotteskünderinnen. Zu einer geschlechterfairen Deutung des Phänomens der Prophetie und der Prophetinnen in der Hebräischen Bibel, Stuttgart 2002, 17.

4 Dtn 32,18; Jes 42,14; Ps 90,2.

5 Hos 11,4; 1 Petr 2,2–3.

6 Ps 22,10; Ps 71,6. Wenn als Bild Gottes auch gilt, wie Gott sich in Menschen zeigt, die einander unbedingt annehmen, dann kommt auch noch das Bild der Mutter und der Freundin hinzu, wie es das Buch Rut zeichnet.

7 Ps 91,4.

8 Hos 13,8.

9 Weish 1,6–10.

10 Dtn 4,24; Dtn 9,3.

11 Jer 2,13; Jer 17,13; Ps 36,10.

12 Gen 1,2; Ps 33,6; Hi 27,3; Hi 37,10; Röm 8,26.

13 Ex 19,9; 1 Kön 8,10f.

14 Dtn 32,4.15; Ps 18,3; Ps 31,3f.; Ps 92,16; Jes 26,4.

15 Ulrike Bail, Eine genderorientierte Lektüre der Klagepsalmen, in: Christl Maier/Nuria Caldruch-Benages [Hrsg.], Schriften und spätere Weisheitsbücher, Stuttgart 2013, 169–184, hier 182.

16 Bail 172.

17 Ps 90,2.

18 Ps 22,10; Ps 71,6.

19 Ps 17,8; Ps 63,8 u.ö.

20 Ps 139,15.

21 Ps 18,3.

22 Ps 36,10.

23 Gen 2,7.

24 Bail 184.

25 Gebetsinitiative der Benediktinerinnen von Kloster Fahr/Schweiz. www.gebet-am-donnerstag.ch

26 Vgl. Johnson 184.